Die gute Idee

Kreative Blumendekorationen und Geschenkideen

Die schönsten Anregungen aus der Fernsehsendung ARD-BUFFET

Die Floristen:
Marlen Dürrschnabel, Thomas Bucher
Die Autorin:
Bettina Lauer

G. Braun

Impressum

© 2000 by G. Braun GmbH & Co. KG
Karl-Friedrich-Straße 14-18
76133 Karlsruhe

Lizenz Südwestrundfunk Media GmbH

Fotos:
Umschlag:
Gerhard Bäuerle, Gärtringen,
Anton Path und Severin Kamm,
Baden-Baden
S. 6, 7:
SWR/ARD-Buffet, Baden-Baden
alle übrigen:
Anton Path und Severin Kamm,
Baden-Baden

Konzeption und Texte:
Bettina Lauer

Bearbeitung:
Renate Telzer

Gestaltungskonzept und Umschlag:
SWR DESIGN

Satz und Lithographie:
Werbeagentur Horlacher GmbH,
Heilbronn

Die Deutsche Bibliothek –
CIP-Einheitsaufnahme
Die Gute Idee:
kreative Blumendekorationen und
Geschenkideen; die schönsten An-
regungen aus der Fernsehsendung
ARD-Buffet/ SWR; Das Erste.
Die Floristen: Marlen Dürrschnabel;
Thomas Bucher. Die Autorin: Bettina
Lauer. – Karlsruhe : Braun, 2000
(ARD-Buffet)
ISBN 3-7650-8232-5

Inhalt

DIE FLORISTEN IM ARD-BUFFET

Marlen Dürrschnabel und Thomas Bucher - sie stehen für „Die gute Idee" im ARD-Buffet: den Ratgeber für Leib und Seele. Die beiden Floristen gehören schon seit dem ersten Tag zum Team der Sendung und sind neben vielen anderen zum festen Bestandteil geworden; sie sind Mitglieder der großen Buffet-Familie. Zum Fernsehen kamen Marlen Dürrschnabel und Thomas Bucher über die Empfehlung eines Bekannten. Er war aufgrund der ungewöhnlichen und originellen Arbeiten auf die beiden aufmerksam geworden. Bevor es allerdings losgehen konnte, mußten die Floristen noch an einem sogenannten Casting teilnehmen. Doch in diesem Auswahlverfahren war schnell klar, daß Marlen Dürrschnabel und Thomas Bucher genau die Richtigen sind, um den Zuschauern jeden Tag eine gute Idee vorzu-

Thomas Bucher mit Moderatorin Evelin König und Regisseur Matthias Weik

stellen. Zu Beginn war der Trubel, der rund um eine Fernsehsendung herrscht, für beide noch ziemlich ungewohnt. Doch mittlerweile sind sie absolut routiniert, und der tägliche Fernsehauftritt gehört zum Alltag. So ist es ganz normal, jeden Tag gegen 10.00 Uhr im Studio 2 des SWR anzukommen. Zuerst werden die Materialien des Tages aufgebaut, dann heißt es ab in die Maske. Hier werden alle Beteiligten unter den geschickten und fachmännischen Händen von Erika Schuster fernsehgerecht geschminkt, und sie kann auch den einen oder anderen Augenring einmal schnell wegzaubern. Denn die Floristen sind fast täglich zu nachtschlafener Zeit auf dem Großmarkt, um in der Sendung stets die frischesten Pflanzen präsentieren zu können. Selbst erfrischt, geht es nach der Maske zurück ins Studio: dort warten schon Regisseur und Moderator. Sie stimmen mit den Floristen ab, an welcher Position sie stehen, wie lange ihr Auftritt sein wird und wann sie an der Reihe sind. Wenn dies mit den Floristen und allen anderen abgeklärt ist, beginnt die Generalprobe. Dann heißt es auch schon: Achtung für's Studio, wir sind auf Sendung! Bei einer Live-Sendung wie dem ARD-Buffet zählt jede Sekunde, denn die Zeit muß unbedingt eingehalten werden. Für Marlen Dürrschnabel und Thomas Bucher heißt das, sie müssen in drei bis vier Minuten ein komplettes Werkstück anfertigen, die einzelnen Arbeitsschritte erklären und dazu noch Tips liefern. Das erfordert jede Menge Routine, denn gleichzeitig zu reden und zu arbeiten ist gar nicht so einfach. Aber die beiden meistern diese Aufgabe mit Bravour.

Im ARD-Buffet zeigen Marlen Dürrschnabel und Thomas Bucher im wöchentlichen Wechsel, wie sie aus natürlichen Materialien kleine, pflanzliche Kunstwerke gestalten. Dazu gehören aber nicht nur Blumensträuße oder Gestecke, sondern auch originale Geschenkverpackungen und ausgefallene Raumdekorationen. Jeder Lebensbereich wird von den beiden in Angriff genommen und gestaltet. Sie kümmern sich zum Beispiel auch um eines der Markenzeichen im Buffet-Studio: den Garten. Auch der muß den Jahreszeiten entsprechend bepflanzt, gehegt und gepflegt werden.

Ihre Auftritte stoßen auf sehr positive Resonanz, auch von Seiten der Kollegen. Diese finden, daß ihr Einsatz dazu beitrage, Blumen wieder mehr Aufmerksamkeit zu verleihen.

So ein Fernsehauftritt erfordert neben Kreativität aber auch jede Menge Organisation. Pläne müssen aufgestellt und Materiallisten der Redaktion gefaxt werden. Damit haben Marlen Dürrschnabel und Thomas Bucher allerdings kein Problem, denn sie sind ein eingespieltes Team. Sie können sich aufeinander verlassen, springen füreinander ein und helfen sich, wo es notwendig

ist. Sie kennen sich schon seit fast zehn Jahren und sind richtig gute Freunde.

Marlen Dürrschnabel und Thomas Bucher sind kreative Menschen, die fortlaufend neue Ideen entwickeln und immer die neuesten Trends präsentieren. Sie besuchen viele Fachmessen und holen sich dort die neuesten Anregungen, die sie dann den Buffet-Zuschauern präsentieren. Mit ihren Werkstücken sind sie dem floralen Zeitgeist sozusagen immer um eine Nasenlänge voraus.

Thomas Bucher beim Pflegen des studioeigenen Gartens

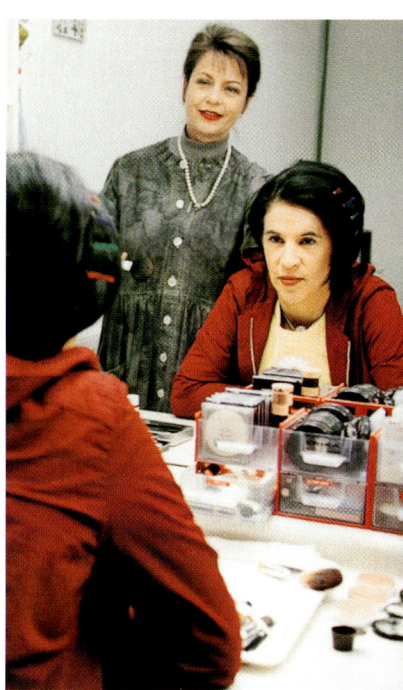

Marlen Dürrschnabel mit Maskenbildnerin Erika Schuster

Kleines 1x1 der Floristik

Materialien

Hier sind die wichtigsten Werkzeuge und Materialien aufgeführt, die Sie beim Arbeiten mit Blumen und Pflanzen benötigen.

Das scharfe Messer wird hauptsächlich zum Anschneiden von Stielen benutzt. Führen Sie das Messer dabei von oben nach unten in Richtung Stielende.

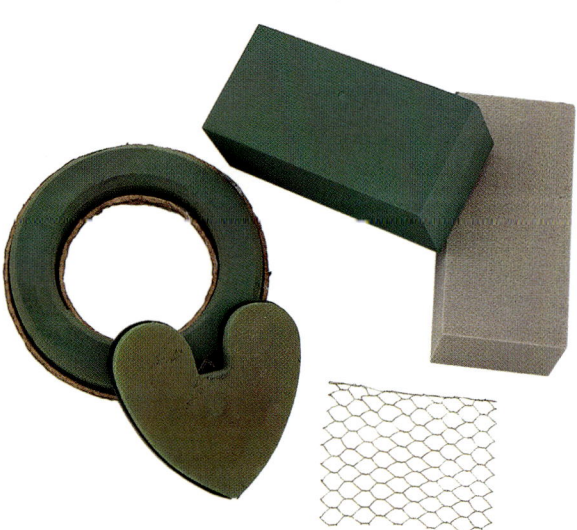

Harte, holzige Stiele oder Zweige werden immer mit einer Rebschere geschnitten, da hier die Hebelwirkung größer ist.

Die Drahtzange oder den Seitenschneider brauchen Sie vor allem, um stärkeren Draht zu schneiden. Nehmen Sie dazu auf keinen Fall eine Schere, da diese ansonsten sehr schnell stumpf wird.

Mit einer normalen Schere wird alles weitere wie Papier, Bast oder Bänder geschnitten.

Steckhilfen

Steckmasse ist nicht gleich Steckmasse. Hier wird unterschieden zwischen Steckmasse für Frisch- und Trockenblumen. Vorteil der Frischblumensteckmasse: sie ist kompostierbar.

Die Trockenblumensteckmasse ist von festerer Konsistenz und bietet besseren Halt.

Die Biolithunterlage gibt es mittlerweile in den unterschiedlichsten Formen: Kranz, Kreuz oder Herz. Biolith ist eine umweltfreundliche Unterlage aus geleimtem Papier und ebenfalls kompostierbar.

Eine alternative Steckhilfe für Frischblumen ist Maschendraht. Sie können ihn in Gefäße stecken und die Blumen in die einzelnen Maschen einarbeiten. Die Gefäße sollten allerdings nicht durchsichtig sein, damit der kleine Trick nicht auffällt.

Draht

Draht wird in der Floristik immer als Hilfsmittel verwendet. Beim Einsatz kommt es aber auf die richtige Drahtstärke und -art an.

Gold- und Silberdraht gibt es in den unterschiedlichsten Stärken. Er dient als reines Schmuckelement.

Zum Wickeln und Stecken wird entweder blaugeglühter oder grün-lackierter Draht benutzt. Wichtiger Unterschied: ersterer rostet und wird nicht im Frischblumenbereich eingesetzt, da Rost die Haltbarkeit beeinträchtigt.

Hinter der Bindischnur verbirgt sich ein blaugeglühter Draht, der mit Papier ummantelt ist. Bindischnur kann als sichtbare Verbindung eingesetzt und als Alternative zu Bast oder Band verwendet werden. Bindischnur ist im Fachhandel in den verschiedensten Farben erhältlich. In Gärtnereigenossenschaften läuft er unter der Bezeichnung Rebdraht.

Drahtreifen für Kränze werden hauptsächlich in der Weihnachtszeit verwendet und dienen als Gerüst für Adventskränze.

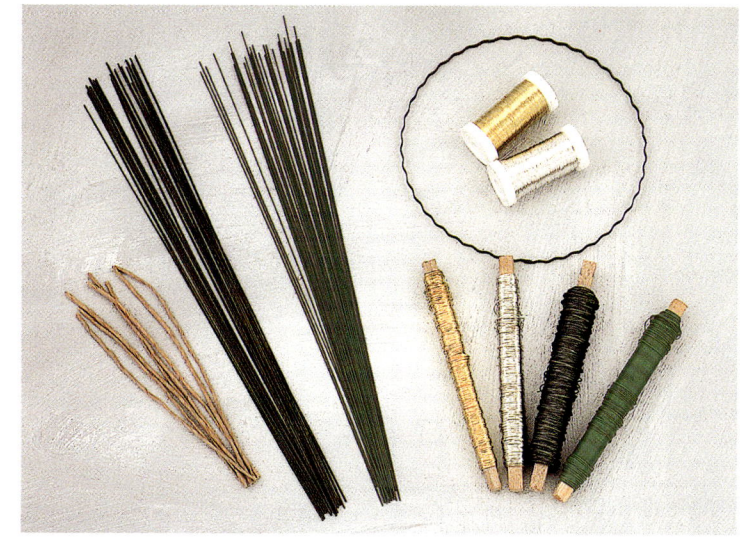

Kleben

Floristen arbeiten sehr oft mit der Heißklebepistole. Diese gibt es in den verschiedensten Modellen samt Patronen (Klebesticks) in Baumärkten zu kaufen. Beim Arbeiten mit der Heißklebepistole sollten Sie sehr vorsichtig sein, da die Flüssigkeit mit ca. 210 Grad austritt und es bei Berührung schnell zu Verbrennungen kommen kann.

Im Handel sind auch Klebepistolen mit Kaltkleber erhältlich, die sich besonders für Kinder eignen.

Was den Bereich Frischblumen angeht, so gibt es mehrere Kleber im Angebot, die Sie alle im Bastelbedarf erhalten.

Techniken

Anschneiden

Der richtige Anschnitt ist und bleibt eine der wichtigsten Voraussetzungen, um die Haltbarkeit von Schnittblumen zu verlängern. Je nach Beschaffenheit der Blumenstiele gibt es verschiedene Anschnittmethoden. Rosen benötigen einen langen, schrägen Anschnitt, wobei die Schnittfläche ca. vier bis fünf Zentimeter

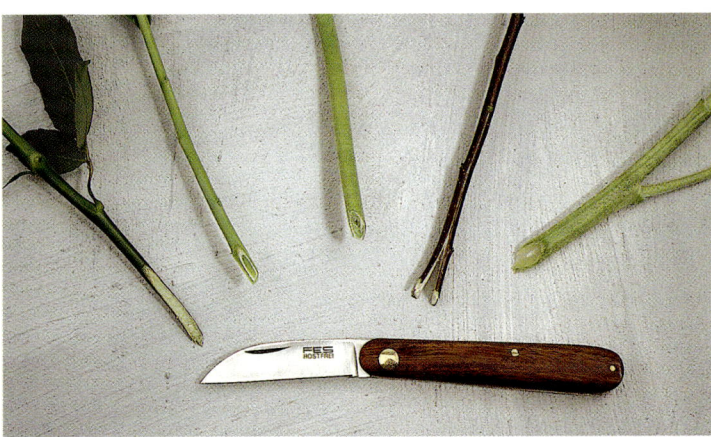

beträgt. Sie können die Schnittstelle zusätzlich noch aufschlitzen.

Bei weichen oder fleischigen Stielen genügt ein kurzer, schräger Anschnitt mit einer Schnittfläche von ca. einem Zentimeter.

Blumen mit krautigem Stiel - z. B. Tulpen oder Gerbera - werden ganz kurz angeschnitten. Ein fast gerader Anschnitt reicht aus, da das Wasser auch über die Oberhaut aufgenommen wird.

Holzige Stiele wie bei Flieder oder Forsythien werden im Kreuzschnitt eingeschnitten, so daß sich der Stiel in vier Teile aufspaltet.

Sonnenblumen erhalten einen schrägen Anschnitt mit einer Schnittfläche von ca. 2,5 Zentimetern. Der Stiel wird außerdem leicht angeklopft, aber nicht zermalmt, da sonst kein Wasser mehr aufgenommen werden kann.

Wickeln

Zum Wickeln eignen sich alle weichen, biegsamen Materialien - Oliven-, Tannen-, Eiben- oder Curryzweige.

Legen sie zunächst die Stiele aneinander, so daß eine Art Wurst entsteht. Umwickeln Sie die Stiele der vollen Länge nach mit dem Schmuckdraht. Erst wenn die einzelnen Stiele befestigt sind, wird das Ganze zu einem Kreis gebogen. Die Enden werden wiederum mit dem Schmuckdraht umwickelt, damit der Kranz sich nicht löst.

Andrahten

Grundsätzlich wird Draht als Hilfsmittel benutzt, um schwache Stiele
zu stützen oder in eine gewünschte
Lage zu bringen. Man verwendet
immer grünlackierten Stützdraht, da
er nicht rostet. Es gibt ihn in verschiedenen Stärken, wobei das
Material die Stärke des Drahtes
bestimmt. Je weicher Blatt oder
Blüte, um so dünner der Draht.

Stützen: Der Draht wird parallel zum
Stiel in den Blütenboden gesteckt
und dann in langen Windungen um
den Stengel gedreht.

Gabeln: Hier wird der Draht zu einer
Art Haarnadel gebogen, wobei ein
Ende länger sein muß. Legen Sie die
Schlaufe an den Stiel und wickeln sie
mit dem längeren Ende fest.

Andrahten: Der Draht wird an der
Unterseite des Blattes durch die
Rippe gesteckt und zu einer Haarnadel gebogen. Führen Sie den Draht
parallel am Blattstiel entlang und
befestigen ihn - wie beim Gabeln -
am Stengel.

Bündeln

Vorbild für die verschiedensten
Bündelungen in der Floristik waren
ursprünglich Heugarben und Reisig-
bündel. Grundsätzlich läßt sich alles
bündeln: Blumenstiele, Blätter, Gräser oder auch Kräuter.

Dieses Beispiel zeigt die Bündelung
von Thymian. Dazu werden die
Kräuterzweige alle auf eine Länge
geschnitten, zu einem Bündel
zusammengefaßt und in der Mitte
festgebunden. In diesem Fall wurde
Bast verwendet.

Danke für die Einladung

Kleine Geschenke erhalten die Freundschaft. Daß etwas Wahres an diesem Spruch ist, weiß jeder, der sich schon über Mitbringsel von Freunden gefreut hat. Da kann es auch ruhig einmal etwas Kleines oder Einfaches sein. Denn was zählt, ist die Geste. Und es kommt auch auf die Präsentation, sprich Verpackung an. Eben gewußt wie ...

Das Besondere an diesem eigentlich recht einfachen Geschenk ist der Metallstrumpf. Es gibt ihn in verschiedenen Ausführungen: grob- und feinmaschig und in den Farben gold und silber. Er wird über alle Einmachgläser gestülpt, die Enden werden umgeschlagen und mit Bast oder Hanf festgebunden. Jetzt können die verschiedenen Füllungen eingebracht werden.

Sie können zum Beispiel ein Glas mit Wasser füllen und Dahlien und Efeuranken einfügen. Die Besonderheit hierbei: ein Kranz aus Bohnenkraut, der um die untere Hälfte des Glases gewickelt wird.

Eine andere Variante: kleine Muscheln einfüllen, die Duftkerze in die Mitte stecken und als Blickfang

Materialliste
Einmachgläser
Metallstrumpf
Quarzsand
Duftkerze
blauer Hanf / Bast
verschiedene
  Sommerblumen
Reagenzgläser
Japanpapier /
  festerer Karton
Schaschlikspieße /
  Splittstäbe

Tip
Zum Füllen der Einmach-
gläser können auch Früchte
verwendet werden.
Besonders geeignet sind
Äpfel oder Zitrusfrüchte.
Falls noch Wasser zuge-
geben wird, sollten Sie
wegen der Fäulnisgefahr
und Trübung auf jeden
Fall destilliertes Wasser
benutzen.

drei Sonnenblumen hinzufügen. Die Blumen werden vorher in Reagenzgläser, die mit etwas Wasser gefüllt sind, eingesteckt.

Die ganz schlichte Variante: Wasser einfüllen und einen dichten Strauß aus verschiedenen bunten Blumen einstecken. Der Rand des Einmachglases kann noch mit blauem Hanf umwickelt werden.

Beim letzten Vorschlag wird der Metallstrumpf zunächst nicht festgebunden, sondern nach oben hin offengelassen. Füllen Sie als erstes den Quarzsand in das Einmachglas. Es gibt ihn in den verschiedensten Farben. Der Sand wird dabei mit Lebensmittelfarben eingefärbt und ist nicht giftig. Stecken sie nun die Blütenköpfe von einigen Sonnenblumen hinein. Die Blumen benötigen kein Wasser, da sie auch getrocknet

noch sehr schön aussehen. Erst jetzt den Strumpf am oberen Ende zusammenbinden und nach innen in das Gefäß stecken. In diese Mulde wird ein Teelicht gestellt.

Eine witzige Ergänzung zu den gefüllten Einmachgläsern sind kleine Fahnen aus Papier, die nach Belieben beschriftet werden können. Dazu nehmen Sie Dreiecke aus festerem Papier und kleben sie an Schaschlikspieße oder Splittstäbe. Letztere erhalten Sie beim Floristen, der die Holzstäbchen zum Stützen von Topfpflanzen benutzt.

Erhellendes

Kerzen fehlen in fast keinem Haushalt und sind außer einem hübschen Dekorationselement auch ein beliebtes Mitbringsel. Sollten Sie Kerzen verschenken wollen, finden Sie hier ein paar Tips, wie diese einmal anders verpackt werden können.

Nehmen Sie eine der beiden Stumpenkerzen und umwickeln Sie das untere Drittel der Kerze mit den Lorbeerblättern. Dabei werden die Blätter so dicht nebeneinander gelegt, daß sie die Kerze im unteren Drittel vollständig verdecken. Damit die Blätter nicht verrutschen, werden sie in der Mitte mit Golddraht

lich mit Japan- oder Seidenpapier ummantelt ist. Umlegen Sie das Ganze mit einigen Holunderbeeren: fertig ist das Geschenk.

Der zweite Vorschlag ist sehr schlicht, dafür aber auch schnell umzusetzen. Stellen Sie die dicke Kerze einfach auf einen blauen Karton und umwickeln Sie alles mit den Trichterwinden. Einen zusätzlichen Farbeffekt schaffen Sie, wenn Sie eine Handvoll Rosenblütenblätter um das Arrangement streuen.

Die Stabkerzen wiederum werden zu einem Bündel zusammengefaßt und mit den beiden Maisblättern umwickelt. Binden Sie das Ganze mit dem Bast fest zusammen. Als zusätzliches florales Element können Sie in dieses Bündel auch noch eine Blüte einarbeiten. Diese sollte allerdings in ein Plastikröhrchen eingesteckt sein, denn so bleibt sie länger frisch. Zum Schluß wird das fertige Kerzenbündel wieder auf einen mit Japan- oder Seidenpapier ummantelten Karton gelegt.

Materialliste
dickerer Karton
Japan- oder Seidenpapier
2 dicke Stumpenkerzen
 (ca. 25 cm hoch)
Kirschlorbeerblätter
verschiedene Kräuter
Golddraht
Perlen
Holunderbeeren

dicke, runde Kerze in blau
Trichterwinde
Rosenblütenblätter

6 Stabkerzen in apricot
Bast, orangefarben
2 Maisblätter
langblütige Hortensie
Plastikröhrchen

fixiert. Für die Verzierung der anderen Stumpenkerze nehmen Sie die Kräuter und winden daraus einen lockeren Kranz, auf den Sie noch einige Perlen kleben können. Der fertige Kranz wird um das untere Ende der Kerze gelegt. Beide Stumpenkerzen werden nun auf einen dickeren Karton gestellt, der zusätz-

Kräuterkiste

Als Grundgerüst für die Kräuterkiste eignet sich am besten eine einfache Holzkiste, da diese die nötige Stabilität mitbringt und das Gewicht aushält. Als erstes wird die Holzkiste außen vollständig mit den Weinblättern beklebt, so daß nichts mehr vom Holz zu sehen ist. Zum Bekleben eignet sich Sprühkleber oder Frischblumenkleber, den Sie allerdings nur bei Ihrem Floristen erhalten. Sie können die Blätter noch zusätzlich mit einer Bastschnur umwickeln. Nun wird die Kiste gefüllt. Setzen Sie zunächst die Rudbeckien in die Mitte und füllen erst dann die Seiten mit den verschiedenen Kräutertöpfen auf. Bevor Sie die Kräutertöpfe einsetzen, sollten diese noch beschriftet werden. Die übrigen Zwischenräume in der Kiste werden mit den grünen Tomaten und den kleinen Tontöpfchen, die mit etwas Moos gefüllt sind, vervollständigt.

Ein besonderer Effekt und zusätzlicher Hingucker zur Kräuterkiste sind die kleinen Tomatenmännchen. Setzen Sie dazu eine Tomate in ein kleines Tontöpfchen. Nehmen Sie eine Peperoni und stecken diese als Hut oben in die Tomate. Um den Hut herum wird etwas Maishaar gelegt. Die Gesichter der Männchen "formt" man mit dem Blütenstand einer Rudbeckie (Nase) und zwei Beeren (Augen).

Wenn Sie die Kräuterkiste fertiggestellt haben, besprühen Sie das Ganze mit etwas Wasser und stellen die Kiste an einen kühlen Ort. So halten Sie Kräuter und Pflanzen frisch, bis das Geschenk überreicht wird.

Tip
Zum Füllen der Kräuterkiste können Sie die verschiedensten Kräuter und blühenden Sommerpflanzen verwenden.

Materialliste
Holzkiste
Weinblätter
Rudbeckien
verschiedene Kräuter
im Topf, z. B. Thymian,
Basilikum
kleinere Tontöpfe
Moos
rote und grüne Tomaten
Peperoni
Blütenstände von Rudbeckia
Maishaar
Ebereschenbeeren

In trockene Tücher gebracht

Geschirr- und Handtücher sind Geschenke, die nicht als besonders originell gelten. Sie sind meist nicht allzu beliebt, was wahrscheinlich oft auch mit der „lieblosen" Verpackung zu tun hat. Wie man diese einfachen, aber nützlichen Tücher zu einem ausgefallenen Geschenk verwandeln kann, zeigen Ihnen die folgenden Beispiele.

Das Geschirrtuch wird zunächst in der Hälfte gefaltet. Legen Sie dabei die beiden kurzen Seiten aufeinander. Dann wird der obere und der untere Rand des Geschirrtuches so weit eingeschlagen, bis beide aufeinandertreffen. Legen Sie die beiden gefalteten Teile aufeinander und binden das rechte und linke Ende fest mit dem Bast zusammen. Dabei entsteht eine Art Schiffchen. Drücken Sie den Zwischenraum in der Mitte etwas auseinander und füllen ihn mit den kleinen Blecheimern. Diese werden vorher mit etwas Moos ausgekleidet, in das wiederum die Sonnenblumen gesteckt werden. Das Geschirrtuch mit

Materialliste
Handtuch
Bast
Artischocken
Rose
Rosenblütenblätter
Rhizinusfruchtstände
Hagebutten
Perle

Inhalt wird nun diagonal auf die Grasmatte gestellt. Damit das künstliche Rasenstück besseren Halt hat, sitzt es in einer passenden Blechwanne. Beides erhalten Sie bei Ihrem Floristen oder im Dekorationsbedarf.

Die Handtuchschnecke entsteht, wenn Sie das Handtuch mit der langen Seite direkt vor sich legen und es zu einem schmalen Band falten. Dieses wird zu einer Schnecke aufgerollt und am oberen und unteren Rand mit Bast fixiert. Die Artischocke wird nun in die Mitte der Rolle gesetzt. Ebenso wird die offene Rose in der Mitte der Artischocke plaziert. Die Rose wird zusätzlich noch mit einer Perle verziert. Setzen Sie die Schnecke am besten auf einen farblich zum Handtuch passenden Teller und schmücken diesen noch mit Rosenblütenblättern, Artischocken, Rhizinusfruchtständen und Hagebutten.

Serviette im Tontopf

Genau wie bei den Geschirr- und Handtüchern wird Ihnen auch hier eine originelle Verpackung für einen an sich einfachen Gegenstand gezeigt.

Der Clou bei dieser Geschenkverpackung: die Servietten werden zu Rosen gefaltet.

Legen Sie dazu die Serviette zunächst zu einem acht bis zehn Zentimeter breiten Band zusammen. Rollen Sie dieses auf - anfangs fester, dann lockerer. Nun können Sie die Serviette in die Form einer Rose zupfen. Damit Ihnen die aufgewickelte Serviette nicht auseinanderfällt, können Sie als zusätzliche Hilfe Stecknadeln zum Fixieren verwenden.

Setzen Sie die fertig gefalteten Servietten auf die kleinen Tontöpfe und stecken jeweils eine Rose in die Mitte der Serviette. Die Töpfe werden vorher mit dem roten Organzaband umwickelt, dessen Enden mit Rosenblättern und dem Blütenboden einer Rose beklebt werden. Heben Sie die vom Blütenboden gelösten Blütenblätter auf - Sie werden sie gleich noch brauchen. Bei der zweiten Variante der Serviettenverpackung kommen die Gräser zum Einsatz. Dabei werden sie der Länge nach um die Serviette gelegt. Nehmen Sie nur so viele Gräser, damit die Serviette noch zu sehen ist und nicht herausfällt. Binden Sie die Enden der Gräser fest mit Bast zusammen und setzen als Abschlußpunkt kleine Tontöpfe auf. Für das Blütenblattkränzchen benötigen Sie jetzt die abgelösten Blütenblätter. Damit das Kränzchen schön voll und

Materialliste
kleine Tontöpfe
Gräser (z. B. Schilfgras)
Bast
rotes Organzaband
mehrere rote Rosen

dicht wird, brauchen Sie die Blütenblätter von ca. drei Rosen. Diese
werden auf ein Stück Draht aufgefädelt und um die Gräser
geschlungen. Setzen Sie den Kranz
so, daß er direkt an die Serviette
anschließt.

Kalt gepreßt

Verschiedene Kräuteröle und -essige sind mittlerweile in jeder Küche zu finden. Sie bereichern nicht nur unsere Geschmackspalette, sondern sind auch etwas für's Auge, da sie meistens in hübschen Flaschen angeboten werden. Immer öfter werden Öle und Essige sogar selbst zu Hause angesetzt und in Flaschen abgefüllt. Wie Sie Ihre Eigenproduktionen oder gekaufte Produkte auf einfache, aber pfiffige Art als Geschenk verpacken können, zeigen Ihnen folgende Beispiele.

Nehmen Sie ein Bündel Seegras und binden daraus einen Knoten, durch den Sie den Flaschenhals der Öl- oder Essigflasche führen. Zur weiteren Verzierung wird eine Rose zuerst in ein Plastikröhrchen mit etwas Wasser gesteckt und dann - zusammen mit mehreren Peperoni - ebenfalls in den Knoten eingeflochten.

Für die zweite Variante werden Gräser an den Flaschenhals gelegt und mit Bast fixiert. Damit das Gras auch im unteren Bereich der Flasche hält, wird ein Knoblauchring angefertigt. Dazu fädeln Sie einzelne Knoblauchzehen auf einen Draht und binden daraus einen Ring. Legen Sie diesen um den Flaschenbauch und befestigen Sie ihn. Damit der Flaschenboden nicht zu sehen ist, können Sie aus verschiedenen Kräutern kleine Bündel machen, um die Öffnung so zu verdecken. Für die Kräuterbündel eignen sich am ehe-

sten Thymian, Currykraut oder Pimpernelle

Als zusätzliches Element dient hier noch ein Knoblauchstab. Dazu brauchen Sie etwas Gras, das fest mit Bast zu einem Stab zusammengebunden wird. Stecken Sie eine ganze Knoblauchknolle in das eine Ende des Stabes und umwickeln alles noch einmal fest mit Bast.

Das nächste Verpackungsbeispiel eignet sich am ehesten für eine Olivenölflasche, da Olivenzweige verwendet werden. Aus diesen Zweigen wird ein Kranz gebunden, in dessen Mitte die Flasche hineingestellt wird. Um die Flaschenmitte wird, wie beim vorherigen Beispiel, ein Knoblauchring gelegt. Dazu werden wieder Knoblauchzehen auf ein Stück Draht aufgefädelt. Schieben Sie den Ring von oben her so lange in Richtung Flaschenbauch, bis er Halt findet. Zuletzt werden am Flaschenhals noch Peperoni und Zwiebeln mit Bast fixiert.

Zusätzlich zu den Öl- oder Essigflaschen können Sie auch noch mit Kräutern gefüllte Einmachgläser verschenken. Besonders hübsch sieht die Houwntonia mit ihren rot gesprenkelten Blättern aus.

Materialliste
Seegras / langes Wiesengras
verschiedene Kräuter
Knoblauch
rote Zwiebeln
Peperoni
Rose (Charles Austin)
Plastikröhrchen
Öl- oder Essigflaschen
Einmachgläser
Steckdraht (16er Stärke)
Bast

Der gute Schein trügt nicht

Materialliste
Zierkürbis
Steckmasse für Frisch-
blumen
Dahlien (Pong-Pong)
Holunderbeeren
Efeublätter
entblätterte Efeuranken
Zahnstocher
kleine Glasgefäße
Rose
Zitrone
Ebereschenbeeren
Holzstäbchen
Papierfähnchen
Funkienblätter

Wenn Sie einen Gutschein verschenken, aber nicht nur einen schnöden Briefumschlag überreichen möchten, zeigen wir Ihnen hier, wie Sie dem Ganzen etwas Pepp verleihen können.

Nehmen Sie einen Zierkürbis (besonders hübsch sieht die sogenannte „Bischofsmütze" aus), schneiden ihn in der Mitte durch und höhlen ihn aus. Füllen Sie die untere Hälfte mit etwas Steckmasse aus und stecken einige Dahlien an den Rand. Zusätzlich können Sie auch noch einige Büschel Holunderbeeren einarbeiten. Rollen Sie den Gutschein zusammen, binden ihn mit Bast fest und legen ihn auf die Steckmasse. Achtung: Damit der Gutschein weder von der Steckmasse noch vom Kürbisfleisch feucht wird, bedecken Sie alles mit Efeublättern. Jetzt wird der Deckel des Kürbisses aufgesetzt. Um ihm Halt zu geben, stecken Sie einige Zahnstocher in das Fleisch und setzen den Deckel auf die untere Hälfte. Die Kürbisverpackung wird am Schluß noch mit entblätterten Efeuranken umwickelt. Für einen sicheren Halt werden die Rankenenden in der Steckmasse verankert.

Für die beiden nächsten Varianten dient jedes Mal ein Glasgefäß als Basis, das mit Steckmasse gefüllt wird. Beim ersten Beispiel wird zunächst die Rose eingearbeitet, dann das Funkienblatt und das Holzstäbchen mit der Papierfahne. Das Glasgefäß können Sie wie beim Zierkürbis mit etwas entblätterten Efeuranken umwickeln.

Für die zweite Variante legen Sie zunächst die Zitrone auf die Steckmasse. Damit die Frucht nicht herunterfällt, wird sie mit dem Holzstab durchbohrt. Dieser wird bis auf den Boden des Glasgefäßes gesteckt. Nun können Sie den verbleibenden Rand mit einigen Ebereschenbeeren ausfüllen, so daß die Beeren noch über das Glas hängen. Zum Schluß wird das Funkienblatt eingearbeitet.

Tip
Wenn Sie nicht möchten, daß die Steckmasse in den Glasgefäßen zu sehen ist, umlegen Sie diese vorher mit Blättern oder Moos. Sie können Ahorn-, Linden- oder Maisblätter verwenden.

Es grünt so grün ...

Fotografieren – für viele die Leiden-schaft schlechthin. Immer auf der Suche nach dem richtigen Motiv entgeht dem wachsamen Auge nichts. Alles kommt vor die Linse und wird auf Papier gebannt. Was Ihre Fotos angeht, so halten die meisten Hobbyfotografen eine genaue Reihenfolge und akribische Ordnung ein. Präsentiert werden die gesammelten Werke in Fotoalben. Jeder hat sie zu Hause. Doch die meisten haben einen schlichten, einfachen, fast schon fantasielosen Einband.

Wer seinen Alben ein interessante-res Outfit und eine individuelle Note geben möchte, findet hier eine origi-nelle Anregung.

Wenn Sie nur die Vorderseite eines Albums bekleben möchten, genü-gen - je nach Größe der Blätter - ca. 40 Stück. Bevor Sie jedoch mit dem Kleben beginnen, legen Sie zunächst die Blätter „trocken" auf das Album. So sehen Sie, ob die Anzahl der Blät-ter ausreicht.

Nehmen Sie jetzt die Blätter Ihrer Wahl und sprühen diese mit dem Kleber ein. Achtung: Nicht den zu beklebenden Gegenstand einsprühen! Sprühen Sie den Kleber in einem Abstand von mindestens 25 Zenti-metern auf die Rückseite der Blätter auf. Legen Sie die Blätter auf ein Küchenkrepp und lassen den Kleber ca. 30 Sekunden antrocknen. Sie müssen die besprühten Blätter jetzt innerhalb einer Minute verarbeiten. Versehen Sie daher nicht gleich alle Blätter auf einmal mit dem Kleber, sondern verarbeiten Sie sie lieber einzeln und langsam nacheinander. Wenn Sie das Album vollständig beklebt haben, können Sie noch weitere Verzierungen aufbringen. In diesem Fall wurden Ähren, Ebereschenbeeren, der Blütenboden einer Sonnenblume und eine Perle auf das Album geklebt.

Damit die Fotoalbum-Verzierung lange haltbar bleibt, sollte man sie einige Stunden trocknen lassen und danach mit Klarlack besprühen. Bitte verwenden Sie kein Haarspray, denn das würde Ihr Werk nur ver-kleben und die Blätter (frühzeitig) austrocknen lassen.

Der goldene Herbst

Materialliste
Artischocke
Perlen
Kirschlorbeerblätter
Früchte vom Kirschlorbeer
Schleierkraut
Draht
Sonnenblume
Apfel
Holzstäbe
Golddraht
Tonpapier
Rose
Silberdraht
Schmuckelement
Efeublätter
silberfarbener Stift

Zu einem hübsch gedeckten Tisch gehören sicherlich das richtige Geschirr, die passende Tischdecke und Servietten. Man stimmt alles aufeinander ab, um eine harmonische Wirkung zu erzielen. Was Ihren Tisch einmal auf ganz andere Art und Weise ziert, ist Tellerschmuck. Selten zu finden, dafür aber ausgefallen. Ihre Gäste werden sicherlich staunen. Unsere Beispiele zeigen Ihnen herbstliche Varianten auf rustikalen Terracotta-Tellern.

Noch ein kleiner Hinweis: Bei Tellerschmuck verwenden Sie nach Möglichkeit immer Unterteller, denn diese sind wichtig für die Verzierung.

Den Auftakt macht die Artischocke. Bekleben Sie jede Blattspitze mit einer Perle. Setzen Sie die Artischocke in die Tellermitte und legen zwei Blätter vom Kirschlorbeer daneben. Auf den Unterteller sind in diesem Fall Blätter vom Olivenbaum drapiert worden. Alternativ dazu können auch Lorbeerblätter verwendet werden. Es sollten aber auf jeden Fall spitz zulaufende Blätter sein.

Für die zweite Variante brauchen Sie eine kleine Girlande aus Schleierkraut. Schneiden Sie das Schleierkraut zuerst in ca. drei bis vier Zentimeter lange Stücke, legen diese zu Bündeln und binden sie auf einen Draht. Biegen Sie den Draht zu einem Halbkreis und legen ihn auf die eine Hälfte des Tellers. Was die Dekoration der Girlande angeht, so werden noch einige Blätter vom Kirschlorbeer darunter gelegt und einige seiner Früchte auf und neben die Girlande gestreut. Gegenüber wird die Sonnenblume plaziert.

Eine sehr einfache, aber romantische Variante ist der Liebesapfel. Hierfür brauchen Sie nur einen rotbackigen Apfel, zwei Holzstäbe, etwas Golddraht und rotes Papier. Zuerst werden die zwei Stäbe mit Golddraht umwickelt. An das Ende des einen Stabes wird eine Pfeilspitze aus Papier geklebt, der andere Stab bekommt einen Federschaft. Nun werden die beiden Stäbe so in den Apfel gesteckt, daß es aussieht, als ob er von einem Pfeil durchbohrt worden wäre. Zur weiteren Verzie-

rung können Sie einige Lorbeerblätter auf den Unterteller legen.

Der letzte Vorschlag für einen Tellerschmuck ist mindestens genauso einfach und schnell herzustellen wie der Liebesapfel und ist mit Sicherheit auch nicht weniger romantisch. Nehmen Sie eine schön blühende rote Rose und umwickeln Sie den gekürzten Stiel mit Silberdraht. Am Stielende kann noch ein Schmuckelement angebracht werden. Die umwickelte Rose wird auf den äußeren Rand des Tellers gelegt. Der Unterteller wird zum einen mit einer Handvoll Rosenblättern dekoriert, und zum anderen mit Efeublättern, deren Ränder vorher silbern nachgezeichnet wurden.
Ein zusätzlicher Hingucker auf dem Tisch ist neben dem ausgefallenen Tellerschmuck auch die herbstliche Etagère. Sie ist hauptsächlich mit Früchten der Saison gefüllt und mit einigen Olivenzweigen verziert. Neben Äpfeln eignen sich vor allem Zierkürbisse für eine herbstliche Dekoration. Sie gibt es für wenig Geld In allen Größen, Farben und den witzigsten Formen bei Floristen, Gärtnern und auch auf Wochenmärkten zu kaufen.

Es weihnachtet sehr

Weihnachten ist die Zeit der Besinnung, der Ruhe und Einkehr. In diesen Tagen ist alles etwas anders als sonst - irgendwie schöner. Die Wohnungen und Häuser werden geschmückt und erstrahlen in weihnachtlichem Glanz. Nirgendwo dürfen Adventskranz und Weihnachts-

halten kann, sehen Sie hier einen passenden Dekorationsvorschlag. Ganz wichtig an Weihnachten sind Kerzen. In diesem Fall wurde ein gußeiserner Kerzenleuchter mit einer Girlande aus Moos und Efeuranken verziert. Für die Girlande nehmen Sie ungefähr 50 - 60 Zenti-

baum fehlen; genauso wie Geschenke und gutes Essen. Die Familien kommen zusammen und versammeln sich um den Tisch. Damit auch dieser mit dem restlichen Glanz mit-

meter Bindischnur oder Paketschnur, die mit Moos umlegt wird.
Befestigen Sie das Moos mit Myrthendraht. Einen besonderen Effekt
erhalten Sie, wenn Sie goldenen
Boulliondraht locker um die Girlande binden und ab und zu Perlen aufkleben. Damit die Girlande volu-
minöser wirkt, werden noch einige
Efeuranken darumgelegt. Die Girlande wird nun um den Kerzenleuchter gebunden und locker auf

dem Tisch drapiert. Stecken Sie die
Kerze in den Leuchter und wickeln
ein- bis zweimal eine Kordel
darum. Verknoten Sie die Kordel, lassen die beiden Enden etwas am
Kerzenleuchter herunterhängen und
schneiden sie ab. Damit die Kordelenden nicht ausfransen, werden
auch sie verknotet und mit einer
Perle verziert.

Materialliste
Bindi- oder Paketschnur
Moos
Myrthendraht
goldener Boulliondraht
Efeuranken
Perlen
Kordel
Artischocken
Weihnachtskugeln
versilberte Palmspeer-
  blätter
Eibengrün

die Perle auf das Stielende des Palmspeerblattes. Das zweite Blatt dient als Namensschild und wird zum Schluß mit dem jeweiligen Namen beschriftet und auf den entstandenen Speer gelegt.

Fertig ist der kunstvoll geschmückte Weihnachtstisch.

Welche Farben die Weihnachtskugeln und Gefäße haben, bestimmen natürlich Sie selbst beziehungsweise Ihr Geschmack.

Ein weiteres Element auf dem weihnachtlichen Tisch ist der gußeiserne Pokal mit Artischocke. Dabei sitzt die Artischocke auf einem Kranz aus Moos, der mit Boulliondraht und einer Kordel umwickelt ist. Um den Knoten der Kordel zu verdecken, wird hier noch ein Efeublatt aufgeklebt und mit einer Perle verziert. Sie können auch in die Mitte der Artischocke noch eine Perle kleben.

In der Tischmitte steht eine gußeiserne Schale, die nur mit verschiedenen Weihnachtskugeln und einigen Efeublättern gefüllt ist.

Abgerundet wird die weihnachtliche Tafel durch ausgefallene Tischkarten. Nehmen Sie dazu eines der versilberten Palmspeerblätter und umwickeln den Stiel mit Eibengrün. Befestigen Sie das Ganze mit Boulliondraht. Kleben Sie nun die Weihnachtskugel auf das Eibengrün und

Fröhlich und bunt wie der Sommer ist das Motto dieser Dekoration. Schwelgen Sie im Farbenrausch und bringen Sie sich mit vielen bunten Rosen gute Laune auf den Tisch. Da Rosen das ganze Jahr über zu kaufen sind, ist damit auch so manch trister Wintertag aufzuhellen.

Wann wird's mal wieder richtig Sommer ...

Nehmen Sie gußeiserne Gefäße und füllen diese mit Steckmasse. Achten Sie darauf, daß die Steckmasse auch genau die Größe des Gefäßes hat, denn sie sollte sich ganz leicht in das Gefäß stecken lassen. Wenn Sie sie eindrücken, gehen die Poren kaputt, und die Blumen können kein Wasser mehr daraus ziehen. Schneiden Sie also lieber immer wieder ein Stück von der Steckmasse ab, bis die optimale Größe erreicht ist. Außerdem sollte die Steckmasse zwei bis drei Zentimeter über den Gefäßrand stehen. So ist die kugelige Form des Gestecks am besten zu stecken. Bevor die Rosen eingebracht werden, sind zunächst die Efeublätter an der Reihe. Sie werden als Kranz um den äußeren Gefäßrand gesteckt. Damit ein volles und rundes Gesteck entsteht, wird mit der ersten Rose zunächst der höchste Punkt festgelegt. Stecken Sie die Blume genau in die Mitte der Steckmasse.

Dann arbeiten Sie von unten nach oben. Das heißt, daß Sie erst den unteren Rand stecken und den Rest nach und nach ausfüllen, bis die kugelige Form vollständig ist. Die Gefäße kommen in die Mitte des Tisches und werden mit Weintrauben umlegt.

Ein weiterer farblicher Akzent auf dem sommerlichen Tisch sind die mit Rosenblütenblättern gefüllten Teller. Diese sehr schöne Dekoration eignet sich besonders, wenn Sie einen sommerlich leichten und kühlen Nachtisch, wie z.B. ein Sorbet oder einen Obstsalat, servieren. Als Gefäß für den Nachtisch wurden hier silberne Pokale verwendet.
Ein zusätzliches Element sind Kerzenständer aus Artischocken. Dazu wird eine Kerze am Ende mit Tapeband umwickelt. Beim Wickeln des

Materialliste
gußeiserne Gefäße
viele bunte Rosen
Steckmasse
Efeublätter
Artischocken
Kerzen
Tapeband
Drahtklammern

Bandes werden zwei aus Draht gebogene Klammern hinzugefügt. Die Klammern sehen aus wie Haarnadeln. Die beiden Klammern liegen sich gegenüber, so daß daraus vier Füße entstehen. Spitzen Sie die

Enden des Drahtes nochmals an.
Öffnen Sie nun die Blätter der
Artischocke, bis Sie ins Herz vorge-
drungen sind. Dort wird die Kerze
eingesteckt.

Alles auf eine Karte setzen

Tischkarten kreieren, an denen bestimmt jeder Spaß hat.

Wie wär's zum Beispiel mit einer „Zitronen-Maus"? Dazu nehmen Sie eine Zitrone und stecken in eine der Spitzen eine Stecknadel mit schwarzem Kopf. Die Barthaare bestehen aus rotem Faden, den Sie in der Mitte zusammenfassen und mit der Stecknadel befestigen. Malen Sie über die Schnauze zwei Augen. Die Ohren der Maus entstehen, wenn Sie mit einem Messer je zwei kleine Halbovale in die Zitrone ritzen und die Schale vorsichtig nach vorne biegen. Als Mauseschwänzchen eignet sich zum Beispiel Schnittlauch, der mit Hilfe einer Stecknadel in die Spitze der Zitrone eingesteckt wird. Zum Abschluß wird der Name auf den Rücken der Maus geschrieben. Sie können die Zitronenmaus auf den Teller legen und mit etwas Petersilie dekorieren. Wenn Sie möchten, daß Barthaare und Schwänzchen der Maus abstehen, können Sie das Ganze mit etwas Draht fixieren.

Für die Maisblattvariante wird ein möglichst breites, langes und glattes Maisblatt verwendet. Bekleben Sie die Mittelnaht des Blattes abwechselnd mit Ebereschenbeeren und Perlen. Sie sollten darauf achten, das Blatt entsprechend der Tellerbreite zu bekleben. Über das Band aus Beeren und Perlen wird nun der Name geschrieben. Dann wird das Maisblatt um den Teller geschlagen. Damit das Blatt nicht verrutscht, können Sie die Enden des Maisblattes noch mit einer Büroklammer feststecken. Die restliche

Materialliste
Zitrone
Schnittlauch
Faden
Stecknadeln
Maisblatt
Ebereschenbeeren
Perlen
Rose
Rosenblütenblätter
Moréeband
Efeublätter
kleiner Tontopf
weiße Farbe
Schleierkraut
Steckdraht
Holzstab
Golddraht
Tonpapier

Tischkarten kommen nur noch selten zum Einsatz und wenn, dann meist bei feierlichen Anlässen wie Hochzeiten, Taufen oder runden Geburtstagen. Die klassischen Tischkarten sehen aus wie gefaltete Papierdächer, auf denen ohne besondere Verzierung der Name steht. Wenn Sie sich etwas mehr Zeit nehmen wollen, können Sie abwechslungsreiche und ausgefallene

stecken eine rote Rose in die Mitte. Nehmen Sie einen Holzstab und schneiden in ein Ende eine kleine Kerbe. Dort hinein wird das Herz aus Papier gesteckt. Bevor Sie es allerdings einstecken, schreiben Sie den Namen darauf. Umwickeln Sie nun den Holzstab mit Golddraht und stecken ihn in die Mitte der Rose. Wenn Sie möchten, können Sie den Boden des Tontöpfchens noch mit Rosenblütenblättern bekleben.

Tellerfläche kann mit Rosenblütenblättern ausdekoriert werden.
Eine edle Variante der floralen Tischkarte wird aus Moréeband gefertigt. Nehmen Sie ein ungefähr zehn Zentimeter langes Stück und bekleben das obere und untere Ende mit Efeublättern. In die Mitte der Efeublätter werden Perlen geklebt. Den Namen können Sie nun mit silberfarbenem Stift auf das Moréeband schreiben. Bei diesem Beispiel wurden zur Verzierung sogenannte Molucella um den Teller gelegt.
Eine sehr romantische Tischkarte ist das folgende Beispiel. Als Grundgerüst dient hier ein kleines Tontöpfchen, das mit etwas weißer Farbe angestrichen wurde. Während die Farbe trocknet, können Sie aus Schleierkraut einen kleinen Kranz anfertigen. Dazu wird das Schleierkraut zunächst in ca. zwei Zentimeter lange Stücke geschnitten, die dann zu kleinen Bündeln gewickelt werden. Diese Bündel wiederum werden auf einen Kranz aus Steckdraht gewickelt. Legen Sie den fertigen Kranz auf das Tontöpfchen und

Edles für Genießer

Materialliste
flaches Metallgefäß
Steckmasse
Quarzsand
Orchideen (Phalaenopsis)
Cristallinumblätter
Thyphablätter
kleine Tontöpfe
weiße Farbe
Teelichter
Plastikröhrchen
Tillandsienmoos
Golddraht

Orchideen gehören zu den edelsten Blumen überhaupt. Früher waren tropische Orchideen für uns Europäer etwas ganz Besonderes. Sie wurden direkt in den Regenwäldern gesammelt, mußten dann weite Schiffsreisen überstehen, waren schwierig zu halten und natürlich extrem teuer. Beides hat sich in den vergangenen Jahrzehnten grundlegend geändert. Eine Orchidee kostet heute nicht mehr als ein Blumenstrauß, und dank moderner Zuchtverfahren stehen dem Blumenfreund eine Vielzahl von Orchideen zur Auswahl.

Wie Sie aus Orchideen eine erlesene und seltene Tischdekoration arbeiten können, zeigt Ihnen das folgende Beispiel.

Nehmen Sie ein flaches, rechteckiges Metallgefäß und setzen einen Block Steckmasse hinein. Schneiden Sie den Block an den Seiten mit einem Messer leicht schräg an. Bevor Sie alles mit dem Quarzsand bedecken, muß die Steckmasse unbedingt gut gewässert werden, da sonst der Sand klumpt und nicht auf der Steckmasse haftet. Nun können Sie die Orchideen, Cristallinum- und Thyphablätter einarbeiten. Um einen schwungvollen, bewegungsreichen Effekt zu erzielen, werden die Orchideen und Blätter relativ schräg eingearbeitet. Damit die Leichtigkeit des Gesteckes gut zur Geltung kommt, achten Sie darauf, daß die Blüten- und Blattspitzen keinen Kontakt mehr mit dem Sand haben. Es entsteht der Eindruck, als ob die Blüten schweben. In der Fachsprache der Floristen heißt das: die Bewegungslinien werden wellenförmig ineinander gearbeitet. Ruhepunkte werden durch Cristallinumblätter geschaffen.

Wenn das Gesteck fertig ist, wird es

Tip

Tip

Bevor Sie Orchideen verarbeiten, sollten diese nach dem Abschnitt von der Pflanze ein bis zwei Stunden in lauwarmes Wasser gestellt werden. Damit die Orchideen lange frisch bleiben, schneiden Sie sie unbedingt mit einem scharfen Messer lang schräg an. Eine relativ unbekannte Methode: die Stielenden mit einem Feuerzeug kurz abflammen. Halten Sie den Stiel ca. 20 Sekunden über die Flamme. Damit wird der Ausfluß von Milchsaft gestoppt. So wirken die abgetöteten Zellen wie ein Schwamm und können das Wasser besser aufnehmen.

in die Mitte des Tisches gestellt und mit den kleinen Tontöpfchen umgeben. Diese werden parallel zum Metallgefäß in eine Reihe gebracht. Bestreichen Sie die Tontöpfe zuerst mit weißer Farbe und füllen sie dann mit etwas Moos aus. Erst jetzt werden die Teelichter daraufgesetzt.

Der Tellerschmuck entsteht, indem Sie ein Plastikröhrchen mit Tillandsienmoos umwickeln und mit Golddraht befestigen. Füllen Sie etwas lauwarmes Wasser in das Röhrchen, und stecken Sie die Orchideenblüte hinein. Damit das Weiß der Orchideenblüte besser zur Geltung kommt, legen Sie ein Cristallinumblatt darunter. Dadurch wird der Kontrast zwischen Weiß und Grün besser hervorgehoben. Sie können die Wirkung der Orchideen im Gesamtarrangement noch zusätzlich verstärken, indem Sie eine grünliche Tischdecke verwenden. Vor diesem Hintergrund tritt das Weiß besonders leuchtend hervor.

Herr der Ringe

Zu ganz besonderen Anlässen bleiben die Papierservietten im Schrank, und die feinen Stoffservietten kommen zum Einsatz. Bei solchen Gelegenheiten holt man auch gerne die leicht angestaubten, weil selten verwendeten Serviettenringe hervor. Servietten brauchen eben eine Hülle. Daß diese allerdings immer ein Ring sein muß, steht nirgends geschrieben. Daher finden Sie hier Ideen für die etwas anderen Hüllen zum Füllen.

Für das erste Beispiel benötigen Sie ein Stück Metallstrumpf, der bereits bei den Geschenkverpackungen vorgestellt wurde. Biegen Sie den Metallstrumpf so um, daß eine Vertiefung ähnlich einer Kuchenform entsteht. In diese Vertiefung werden Bündel aus Schleierkraut eingesetzt.

Dazu wird das Schleierkraut zuerst in ca. drei bis vier Zentimeter lange Stücke geschnitten, die mit Draht zu kleinen Bündeln gewickelt werden. In die Mitte des Ringes aus Schleierkraut wird die zur Rose gefaltete Serviette gesteckt. Nehmen Sie einige Rosenblütenblätter, bekleben damit den Ring aus Schleierkraut und legen einige auf die Serviette. Fertig ist der etwas andere Serviettenring.

Dem üblichen und bekannten Servi-

ettenring am ähnlichsten ist das folgende Beispiel. Als Basis dient hier ein Stück Karton. Verwenden Sie am besten die Hälfte einer Toilettenpapierrolle. Die ist schon in Form und hat genau die richtige Größe. Bekleben Sie die Rolle nun mit Lorbeerblättern. Dabei werden die Blätter von der Mitte der Rolle aus angelegt, so daß die Spitzen nach außen leicht über den Rand ragen. Sie können natürlich erst die obere und dann die untere Hälfte der Rolle bekleben. Besser ist es jedoch, wenn Sie die sich gegenüberliegenden Blätter gleichzeitig aufbringen. So haben Sie den Gesamteindruck genauer im Blick. Achten Sie darauf, daß die Blätter gleich lang sind. Nur so sieht der „Ring" gleichmäßig aus. Über die Naht- bzw. Klebestelle wird zum Schluß eine Kordel gezogen und festgeknotet. Die Enden der Kordel werden ebenfalls verknotet und mit jeweils einer Perle beklebt. Zum Kleben der Blätter eignet sich

das zu einer Tüte gerollt wird. Damit diese hält, können Sie sie tackern oder kleben. Die Tüte wird nun mit Ähren beklebt, um die wiederum etwas goldener Boulliondraht locker gewickelt wird. Die Rudbeckien werden von ihrem Stiel abgeschnitten und am oberen und unteren Ende der Tüte aufgeklebt. Jetzt kann die Serviette hineingesteckt werden.

Beim letzten und einfachsten Beispiel ist die Serviette selbst die Hülle. Rollen Sie dazu die Serviette zu einer Art Tüte und füllen diese mit einer Cellosie (Hahnenkamm) und etwas Petersilie. Die Füllung wird vorher zu einem kleinen Strauß zusammengefaßt und einfach in die Serviette gesteckt.

Frischblumenkleber, da er am schnellsten trocknet.

Die nächste Variante ist für einen herbstlichen Tisch gedacht. Der Anlaß könnte zum Beispiel Erntedank sein. Für diesen Serviettenring brauchen Sie etwas stärkeres Papier,

Zur Tontopfsäule erstarrt

Dieses Objekt ist ausschließlich für draußen geeignet. Sehr hübsch sieht es auf der Terrasse oder in der Hofeinfahrt, aber auch auf dem Balkon aus. Wenn Sie winterharte, dickfleischige Pflanzen wie Sedum (Fetthenne) oder Sempervivum (Hauswurz) verwenden, können Sie die Säule sogar das ganze Jahr über im Freien stehenlassen.

Als Gerüst für die Tontopfsäule dient eine mindestens 1,50 Meter lange Metallstange auf einer Untergrundplatte (ebenfalls Metall) mit einer Seitenlänge von ca. 30 Zentimetern. Dieses Gerüst können Sie sich beim Schlosser anfertigen lassen. Achten Sie darauf, rostfreies Material zu verwenden.

Beginnen Sie mit dem größten Tontopf und führen diesen durch die Stange bis hinunter zur Bodenplatte. Füllen Sie ihn mit Blumenerde und setzen die Pflanzen möglichst nahe an den Rand des Topfes. Bepflanzen Sie den ersten, unteren Topf erst fertig, bevor Sie mit dem zweiten Gefäß beginnen. Verfahren Sie genauso mit den restlichen Töpfen. Auf diese Weise arbeiten Sie sich nach oben, wobei die Tontöpfe immer kleiner werden. Wenn Sie fast am oberen Ende der Stange angekommen sind, können Sie auch noch Schmuckelemente, z. B. eine Kugel, einarbeiten.

Materialliste
Metallstange mit Untergrundplatte
verschiedene Tontöpfe
Blumenerde
Sedum (Fetthenne)
Sempervivum (Hauswurz)

Achtung:
Lassen Sie auf alle Fälle die Stange oben noch ein gutes Stück überstehen.
Sie müssen die Säule im Notfall noch transportieren können.

Bei diesem Objekt ist es wichtig, die Töpfe einzeln der Reihe nach zu bepflanzen. Wenn Sie die Säule komplett aufbauen, haben Sie kaum eine Chance, die Pflanzen einzusetzen, da die Zwischenräume einfach zu klein sind. Also, erst bepflanzen, dann die nächsten Topfschichtungen vornehmen.

Aufgespießte Augenweide

Materialliste
gußeisernes Gefäß
Trockenblumensteckmasse
geschälte Weidenstäbe
Herbstblätter
skelettierte Blätter
Japanpapier
Pergamentpapier
Calocephalus (Schönköpf-
  chen)

Dieses Objekt eignet sich besonders gut für einen Treppenaufgang oder Eingangsbereich. Die langen Weidenstäbe kommen aber auch in Räumen mit hohen Decken gut zur Geltung. Füllen Sie das Gefäß zunächst bis oben hin mit Steckmasse und arbeiten dann die geschälten Weidenstäbe ein. Belassen Sie die Stäbe zunächst in ihrer vollen Länge. Später können Sie einige brechen

oder schneiden und die kurzen Stücke waagrecht oder schräg in die langen Stäbe einstecken.

Nun wird das Stabgeflecht nach und nach aufgefüllt. Dazu reißen Sie buntes Japanpapier in kleine Stücke und streuen diese zwischen die Weidenstäbe. Einige Papierstücke können Sie auch auf die Stäbe spießen. Genauso werden die skelettierten Blätter und das Herbstlaub in das Objekt eingearbeitet. Das Pergamentpapier wurde in diesem Fall als komplettes Blatt verwendet. Sie können es natürlich auch, wie das Japanpapier, in kleine Stücke reißen. Ein weiteres Element, mit dem das Geflecht aus Weidenstäben gefüllt wird, ist Calocephalus. Diese Pflanze eignet sich besonders gut für Trockenarbeiten, da sie lange ohne Wasser auskommt und ihre ursprüngliche Farbe auch im trockenen Zustand behält. Die Calocephalus wird locker in die Zwischenräume der Stäbe und Blätter gesteckt.

Der Kranz ist ein wunderschöner Wandschmuck, der durchaus ein Bild ersetzen kann. Er ist sowohl für den Wohn- als auch für den Eingangsbereich geeignet.

Als Gerüst dient ein Metallring, der für die nötige Stabilität sorgt. Er wird zunächst mit Floratapeband und dann mit Bast umwickelt. Jetzt kommt das Peddigrohr in lockeren Schichtungen darüber. Binden Sie es zwischendurch immer wieder mit Bast fest, um ein Wegrutschen zu verhindern. Das Peddigrohr wird so lange um den Metallring gewunden, bis eine ziemlich kompakte Schicht entstanden ist. Je mehr Schichtungen entstehen, desto lockerer und schwungvoller wird das Peddigrohr um den Kranz gewickelt. Wichtig dabei: arbeiten Sie einmal im Uhzeigersinn und dann wieder anders herum. Dazwischen immer wieder mit Bast festbinden!

Wenn der Kranz an Fülle und Räumlichkeit gewonnen hat und die Rundung stimmt, entfallen weitere Peddigrohre. Erst jetzt kommt das Papier an die Reihe. Rupfen Sie es in kleine Stücke und lassen diese locker auf den Kranz fallen. Kleben Sie die Papierschnitzel an den sich zufällig ergebenden Stellen fest.

Eine runde Sache

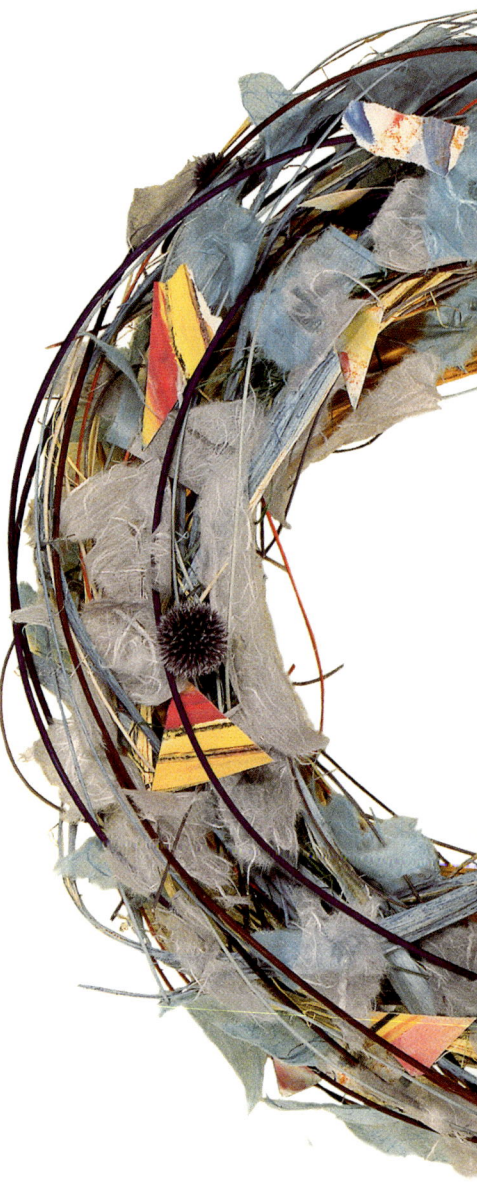

Materialliste
Metallring
Floratapeband
Bast
buntes Peddigrohr
Japanpapier
festes Papier /
  dünner Karton
Wasserfarben
Kugeldisteln

Dem Japanpapier können Sie auch noch bunt bemaltes Papier hinzufügen. Dazu wird das Papier mit Wasserfarbe bemalt und in Dreiecke geschnitten. Kleben Sie es genauso wie das Japanpapier fest. Achten Sie darauf, die Dreiecke und Papierschnitzel auch in der Tiefe des Kranzes anzubringen und nicht nur die Oberfläche zu bekleben.

Erst ganz zum Schluß werden die Kugeldisteln eingearbeitet. Sie werden einfach in das Peddigrohr gesteckt. Mit den Kugeldisteln schaffen Sie Ruhepole in dem bunten und lockeren Kranz.

Amouröser Volltreffer

Materialliste
Zweige
Bast oder Bindischnur
Flechtmoosringe
Apfel
rote Holzstäbe
Karton
Farbe

Tip
**Für dieses Raumobjekt
können Sie jede Art von
Zweigen verwenden.
Am dekorativsten sehen
Zweige von älteren Obst-
bäumen aus, da diese schon
leicht verwittert und mit
Flechten bewachsen sind.**

Der römische Liebesgott Amor hatte bei diesem Objekt seine Finger bzw. Pfeile im Spiel. Er hat zwar keine Liebenden getroffen und beglückt, dafür aber seinem „schießwütigen" Kollegen Wilhelm Tell alle Ehre gemacht.

Das Geflecht entsteht, indem Sie die Zweige möglichst dicht mit Bast oder Bindischnur aneinander binden. Erst wenn die Zweige halten, wird das Geflecht an der Wand angebracht. Sollten Ihnen die Zweige und deren Verästelungen zu dicht sein, schneiden Sie einige mit einer Rebschere ab.

Zur Auflockerung werden einige Flechtmoosringe in die Zweige gesteckt. Die Ringe gibt es fertig beim Floristen zu kaufen.

Der besondere Effekt bei diesem Objekt: der Liebesapfel. Dazu nehmen Sie einen ca. 20 - 30 Zentimeter langen runden Holzstab und schneiden ihn in der Mitte durch. Die Schnittstellen können angespitzt werden, um das spätere Einführen in den Apfel zu erleichtern. Ritzen Sie außerdem die Enden der Holzstäbe leicht ein. Aus Karton schneiden Sie die Spitze und den Schaft des Pfeils und bemalen beides. Stecken Sie die beiden Holzstäbe nun mit den spitzen Enden so in den Apfel, als wäre der Pfeil durchgeschossen worden. Jetzt werden die Kartonstücke (Pfeilspitze und -schaft) in die geritzten Enden gesteckt.

GEFÄSSFÜLLUNGEN

Exotische Kugeln

Wenn Sie noch Vorschläge für eine Weihnachtsdekoration suchen, sind Sie hier genau richtig. Der Vorteil an diesem Schmuck: Sie können ihn immer wieder verwenden - nicht nur an Weihnachten. Tauschen Sie zum Beispiel die Weihnachtskugeln gegen Ostereier, Blumen der Saison etc. - schon hat sich das bißchen Aufwand gelohnt.

Als erstes werden die halben Styroporkugeln von außen mit Lappenmoos umlegt und mit Wickeldraht befestigt. Die hohlen Kugeln werden mit Trockensteckmasse gefüllt. Die Oberfläche der Steckmasse decken Sie mit dem Lappen- und Flechtenmoos ab und umwickeln es mit

Draht. Drücken Sie nun die Weihnachtskugeln mit ihren Aufhängungen vorsichtig durch das Moos in die Steckmasse. Für zusätzlichen Halt sorgt silbernes Hairflair, das darumgewickelt wird.

Legen Sie die geflochtenen Phönixpalmblätter auf den Tisch und drapieren darauf die fertigen Mooskugeln. Auf kleine (ca. zehn Zentimeter Durchmesser), mit Moos umwickelte Kränze gestellt, rollen die Kugeln nicht weg.

Auf die Palmblätter können Sie mehrere Weihnachtskugeln legen. Schockgefrorene und eingefärbte Rosen ergänzen diese Dekoration in edler Weise.

Materialliste
Phönixpalmblätter,
  geflochten
halbe Styroporkugeln
Lappenmoos
Flechtenmoos
Trockensteckmasse
Wickeldraht
Weihnachtskugeln
silbernes Hairflair
kleine Mooskränze
schockgefrorene Rosen

Tip
**Die geflochtenen
Palmblätter, Moosringe
und die schockgefrorenen
Rosen erhalten Sie bereits
fertig bei Ihrem Floristen.**

Windgeschützt

Bündel wird in das mit Wasser gefüllte Windlicht gestellt. Da die Renautria innen hohl ist, werden die Heliconien einfach in diesen Hohlraum gesteckt. Achten Sie darauf, daß die Heliconien im Wasser stehen und optimal versorgt sind.

Sie können die Renautriastangen auch in ihrer vollen Länge verwenden. In diesem Fall werden die Heliconien direkt in das Bündel mit eingearbeitet, das wiederum mit Bast befestigt wird.

Damit das Bündel bei dieser Länge nicht auseinanderfällt, fixieren Sie es an zwei Stellen. Um den unteren, ausschließlich grünen Bereich farblich zu gestalten, können Sie Dreiecke aus buntem oder bemaltem Papier einstecken.

Eine weitere Variante: Schneiden Sie die Renautria in kurze Stücke und setzen diese wie eine Art Gerüst in das Windlicht. Schneiden Sie die Blüten der Heliconie vom Stiel ab und stecken diese in die Zwischenräume. Übrigens: Wenn Sie keine Renautria finden, können Sie als Alternative auch Bambus verwenden.

Materialliste
Renautria (amerikanischer
  Knöterich)
Heliconien
Bast

Wer keine üppigen Blumenarrangements mag und statt dessen das Schlichte bevorzugt, findet hier einen passenden Vorschlag. Die Wirkung von solchen Objekten wird in der Fachsprache der Floristen als reduziert, minimalistisch, ja fast schon streng bezeichnet.

Schneiden Sie die Renautriastangen genau auf die Höhe des Gefäßes, machen ein Bündel daraus und binden es mit Bast fest. Das fertige

Tip
Als zusätzlichen Effekt
können Sie das Wasser
mit Lebensmittelfarbe
einfärben.
Diese ist nicht giftig und
daher ungefährlich. Rühren
Sie die Lebensmittelfarbe
zuerst in einem separaten
Gefäß an und füllen das
gefärbte Wasser dann in
das Windlicht.

Blumen-Haltestelle

Wenn Sie Ihren Blumen den etwas anderen Halt geben möchten, finden Sie hier einige moderne und ausgefallene Ideen.

Schneiden Sie zunächst die Stiele von den Kiwiblättern. Jetzt werden die Blätter senkrecht und so dicht wie möglich in das Gefäß geschichtet. Setzen Sie die mit Wasser gefüllten Reagenzgläser zwischen die Blätter und fügen die Nelken ein. Die Blüten sollten möglichst eng beieinander stehen, um eine Art Blütenband entstehen zu lassen. Fertig ist ein schlichtes und einfaches, dafür wirkungsvolles Objekt.

Achten Sie bei dieser Variante darauf, möglichst große und runde Blätter zu benutzen. Wenn Sie keine Kiwiblätter finden, können Sie wahlweise auch Blätter vom Haselnußstrauch verwenden.

Beim zweiten Vorschlag wird Renautria als alternative Steckhilfe eingesetzt. Schneiden Sie die Stangen in kurze Stücke und setzen diese wie eine Art Gerüst in das Gefäß. Da die Renautria innen hohl ist, wird die

Nadelkissenprotee in den Hohlraum gesteckt. Damit die Blüte frisch bleibt, füllen Sie das Gefäß ungefähr fingerbreit mit Wasser.

Für die letzte Variante werden einfache Holzstäbe mit buntem Bast zu einem Gitter zusammengebunden und auf das Gefäß gelegt. Die Holzstäbe müssen auf jeden Fall größer als der Durchmesser des Gefäßes sein, da sie sonst durchrutschen. Die Enden der Holzstäbe können mit Acrylfarbe bemalt werden: das gibt dem Objekt - neben dem bunten Bast - einen weiteren farbigen Effekt. Dasselbe gilt für das Blumenwasser, das mit Lebensmittelfarbe eingefärbt werden kann. Diese ist nicht giftig und daher ungefährlich. Die Blüte - in diesem Fall eine Anthurie (Flamingoblume) - wird in das Gitter gesteckt und bekommt dadurch Halt.

Materialliste
Kiwiblätter
Reagenzgläser
Nelken
Renautria (amerikanischer Knöterich)
Nadelkissenproteen
Holzstäbe
bunter Bast
Acrylfarbe
Lebensmittelfarbe
Anthurie (Flamingoblume)

Leuchtende Lampions

Der Herbst zeichnet sich durch seinen Farbenreichtum aus. Rechtzeitig, bevor die kalte und graue Jahreszeit anbricht, beschenkt uns die Natur noch einmal mit kräftigen Farben. Ein leuchtendes Beispiel dafür ist die Physalis, auch Lampionblume genannt. Die in Wäldern frei wachsende Variante ist wesentlich kleiner als die gezüchtete. Die Fruchtstände der Physalis sind zunächst grün, reifen dann aus und werden orange, selbst wenn die Fruchtstände bereits vom Stiel abgeschnitten wurden.

Füllen Sie zunächst die gußeisernen Pokale mit Steckmasse, decken die Oberfläche mit Moos ab und stecken dann Physalis und Nelken ein. Die Pokale werden in quadratischer Form auf dem Tisch angeordnet. Legen Sie kleine Quadrate aus einzelnen Physalisblüten und „Moos-Muschel-Platten" an die Seiten. Schneiden Sie dazu Karton in rechtwinklige Vierecke, umlegen diese mit Moos und umwickeln das Ganze mit silbernem Schmuckdraht. Die Moosplatten verzieren Sie mit Muscheln, die zu einem Quadrat geklebt werden. Die „Moos-Muschel-Platte" können Sie noch mit Ballon-Grün umlegen.

Bei diesem Werkstück sehen Sie, wie gut sich Gefäßfüllungen mit gelegten Ornamenten kombinieren lassen. Auch wenn alles in geometrischen Formen verarbeitet und arrangiert wird, wirkt es zwar geordnet, aber nicht streng.

Einen hübschen Hintergrund für dieses Objekt schaffen Sie mit einem Vorhang aus Physalisblüten. Dafür werden die Blüten an ihren Stielen fest mit Schmuckdraht umwickelt, so daß lange Schnüre entstehen. Diese befestigt man direkt an der Wand oder an einer Stange.

Tip
Ballon-Grün – botanisch Gomphocarpus fruticosus – gehört zur Gattung der Wolfsmilchgewächse. Floristen gebrauchen scherzhaft auch die Bezeichnung „bole di papa" (Papst-Eier).

Korona

Sonnenblumen kommen immer mehr und ganz groß in Mode. Mit ihren "strahlenden Gesichtern" zieren sie Stoffe, Geschirr und Schmuck. Ihre fröhliche Ausstrahlung, die anspruchslose Pflege und der günstige Preis ließen die Sonnenblume zum beliebten Dekorationselement werden. Sie eignen sich optimal für Sträuße und lassen sich wunderbar mit Früchten, Zweigen, Beeren oder rankendem Beiwerk kombinieren. In Körben oder rustikalen Gefäßen - wie in diesem Fall das gußeiserne - kommen Sonnenblumen am besten zur Geltung.

Füllen Sie zunächst das Gefäß mit Steckmasse und decken deren Oberfläche mit Moos ab, so daß nichts mehr von der Steckmasse zu sehen ist. Fügen Sie nun die Sonnenblumen ein. Stecken Sie sie relativ eng aneinander genau in die Mitte der Steckmasse. Damit die schweren Blütenköpfe der Sonnenblumen nicht nach außen kippen, wird der größere Mooskranz eingefügt. Wenn Sie ihn kurz unterhalb der Blütenköpfe in Position bringen, sorgt er für optimalen Halt. Am besten legen Sie ihn schon über das Gefäß, bevor Sie die Sonnenblumen einstecken - so können Sie den Kranz einfach nach oben schieben. Der kleinere Mooskranz kommt zwischen die Blütenköpfe. So liegt er auf dem größeren Kranz und bildet einen inneren Ring.

Zum Schluß werden noch einige Glyzinienranken um die Stiele der Sonnenblumen und die Mooskränze gewunden. Drücken Sie die Enden der Ranken zum Befestigen in die Steckmasse und wickeln die Glyzinien nach oben.

Zur Verzierung legen Sie einige Zierkürbisse auf das Gefäß. Zierkürbisse gibt es in allen Formen, Farben und Größen im Herbst beim Floristen oder auf Wochenmärkten zu kaufen.

Blumen
hinter Gittern

Sie können die Metallkörbe ganz nach Lust und Laune und entsprechend den Jahreszeiten füllen. Im Herbst kommt eine Kombination aus Hortensien und Zierkürbissen besonders prächtig zur Geltung. Selbst im getrockneten Zustand vermögen Hortensien durch ihren Farbenreichtum noch zu begeistern.

Wenn Sie mehrere Metallkörbe zur Verfügung haben, können diese unterschiedlich gefüllt werden, was optische Abwechslung garantiert. Sind die Körbe noch unterschiedlich hoch, können Sie damit ein perfektes Arrangement inszenieren.

Füllen Sie einen Metallkorb mit vielen Hortensienblüten und einigen Kugeldisteln. Bevor Sie den Korb bestücken, legen Sie noch einige grüne Blätter des Hortensienstrauches hinein - damit werden die Blütenstiele etwas verdeckt.

Ein weiterer Vorschlag: Kombinieren Sie eine Hortensienblüte mit einem Zierkürbis und Beeren. Auch hier wird der Boden des Korbes vor dem Füllen noch mit grünen Blättern ausgelegt.

Die ganz bunte Mischung erhalten Sie, wenn Sie den Korb mit einigen Hortensienblüten auslegen und darauf Zierkürbisse, eine Echeveria und Zieräpfel drapieren. Schneiden Sie einen Zierkürbis auf, höhlen ihn leicht aus und füllen ihn mit Kugeldisteln.

Materialliste
Metallkörbe
Hortensienblüten
Hortensienblätter
Zierkürbisse
Zieräpfel
Kugeldisteln
Echeveria

Die Wüste lebt

Alte Übertöpfe ein wenig aufpeppen, und schon erstrahlen sie in neuem Glanz. Hierfür braucht es lediglich ein bißchen Material und jede Menge Phantasie.

Sie können ihre schlichten Tontöpfe in den verschiedensten Variationen gestalten: ob Sie sie nur mit Farbe bestreichen oder mit Papier, Kokosfasern oder Blättern bekleben - alles, was gefällt, ist erlaubt. Eine zusätzliche Verzierung erreichen Sie durch Seile, Bänder oder Bast. Sie können aber auch Muscheln oder Schneckenhäuser aufkleben. Dadurch erhalten die Tontöpfe noch einmal eine ganz neue und belebende Struktur.

Wenn die Töpfe ihr neues Äußeres erhalten haben, geht es ans Innenleben. Gefüllt werden sie immer mit Moos, auf das die verschiedenen Dekorationen gelegt werden. Verwenden Sie dafür grüne Physalisfruchtstände, Schnecken in kleinen Blecheimern oder Muscheln. Sie können die Töpfe auch bepflanzen; in diesem Fall wurde ein Hornveilchen eingesetzt. Eine andere Möglichkeit: den Topf mit Schleierkraut umgeben. Dazu werden aus dem Schleierkraut einzelne Bündel angefertigt und mit Floratapeband am Tontopf befestigt. Auf dieses blühende Bett können Sie wiederum Schnecken oder Muscheln drapieren. Ganz wie Sie mögen. Lassen Sie Ihrer Phantasie vollkommen freien Lauf.

Kaffeeklatsch

Materialliste
grüne Physalisfruchtstände
dünnes Seidenpapier
Quitten
Selaginella (Mooskraut)
Korallenmoos

Die Sitte des Kaffeetrinkens reicht weit zurück in die Geschichte. Man vermutet, daß sie sich bereits im 13. Jahrhundert von Äthiopien in die islamische Welt ausbreitete. In Europa floß der Kaffee wesentlich später. Anfangs war man dem Getränk gegenüber noch sehr skeptisch eingestellt. In der Stadt Hildesheim wurde 1768 sogar der Genuß von Kaffee verboten, da man Angst um die Gesundheit der Bürger hatte. Es mußten ebenfalls alle der Kaffeebereitung dienenden Gerätschaften wie Kaffeetassen, Kaffeekannen und Kaffeemühlen zerstört werden.

Heute ist Kaffee Genußmittel Nummer eins in Deutschland und nicht mehr wegzudenken. Wenn Sie zu einem Kaffeeklatsch einladen, der auch noch ein Genuß fürs Auge sein soll, finden Sie hier ein erfolgreiches Rezept.

Falten Sie das Seidenpapier zu ca. 20 Zentimeter breiten Tischbändern. Die Länge bestimmen Sie selbst - je nach Größe Ihres Tisches. Die Enden der Bänder können Sie entweder kleben oder auch tackern. Zur Verzierung werden grüne Physalisfruchtstände aufgeklebt. Legen Sie die fertigen Papierbahnen auf den Tisch. An den Stellen, an denen sich die Tischbänder kreuzen, werden die Kaffeetassen plaziert. Die Füllung der Tassen besteht aus Selaginella und Korallenmoos. Diese werden mit komplettem Wurzelballen in die Tassen eingesetzt. Lösen Sie die Pflanzen dazu vorsichtig aus dem Plastiktopf, damit keine Wurzeln beschädigt werden und Sie die Pflanzen hinterher noch verwenden können. Um der Dekoration den letzten Schliff zu geben, legen Sie zusätzlich Quitten auf die Tischbänder.

Cäsars Olivenhain

Der Olivenbaum gehört zu den ältesten und wichtigsten Kultur- und Nutzpflanzen der Welt.

Legen Sie einige Olivenzweige der Länge nach aneinander. Das so entstandene Band umwickeln Sie fest mit Draht. Wenn Ihnen die Girlande aus Olivenzweigen zu dünn ist, können Sie immer wieder Zweige nacharbeiten, bis das Ganze an Räumlichkeit und Fülle gewonnen hat. Kleben Sie einige Perlen auf die Zweige und biegen die Girlande in eine leicht halbrunde Form. Passend dazu werden Kerzen entlang der Rundung aufgestellt.

Zu Dekorationszwecken läßt sich aus Olivenzweigen aber auch eine Art natürlicher Kerzenständer anfertigen. Nehmen Sie dazu einen Zweig und biegen ihn zu einem Kreis. Fixieren Sie die beiden Enden mit Draht, um ein Auseinanderfallen zu vermeiden. Nun werden nach und nach weitere Olivenzweige um den Kreis gewickelt, bis dieser die gewünschte Form erreicht hat. Binden Sie die Zweige zwischendurch immer wieder mit Draht fest.

Ein weiterer Vorschlag: Serviettenringe aus Olivenzweigen. Diese werden nach derselben Methode angefertigt wie die „Kerzenständer". Sollte Ihnen der Serviettenring zu buschig sein, entfernen Sie einige Blätter.

Materialliste
Olivenzweige
Wickeldraht
Perlen

Kränze lassen sich auf verschiedene Arten herstellen. Hier wird Ihnen die gebundene und die gesteckte Variante vorgestellt.

Keine schleierhafte Sache

Gebundener Kranz: Als Gerüst dient ein Metallring, der als erstes mit Floratapeband umwickelt wird. Rupfen Sie das Schleierkraut in ca. drei bis vier Zentimeter lange Stücke und binden diese in kleinen Bündeln mit Wickeldraht am Ring fest. Sie müssen den Kranz nicht vollständig mit Schleierkraut füllen, sondern können einen kleinen Teil offenlassen. Dieser wird mit Organzaband umwickelt, welches als Verzierung und Aufhängung dient. An die Enden des Bandes werden zum einen Blätter geklebt und zum anderen Schleierkrautbündel gewickelt. Um das Ganze noch etwas bunter zu

gestalten, stellen Sie Gefäße, gefüllt mit bunten Dahlien und Schleierkraut, entlang des Kranzes auf.

Gesteckter Kranz: Hierfür benötigen Sie Steckmasse in einer runden Biolithunterlage (kompostierbar!). Auch hier wird das Schleierkraut zuerst in ca. drei bis vier Zentimeter lange Stücke gerupft. Drücken Sie die einzelnen Stiele nun möglichst dicht in die vorher leicht befeuchtete Steckmasse.

Zur Verzierung können Sie noch Blumen einarbeiten. In diesem Fall wurde ein Gefäß mit Rosen in die Mitte des Kranzes gestellt und einige Rosenblütenblätter lose über das Schleierkraut gestreut.

(Auf)Gebundene Beeren

Eine ähnliche Technik wie bei dem eben vorgestellten Kranz aus Schleierkraut wird auch in Verbindung mit Beeren angewendet. Wenn Sie einen besonders dichten und vollen Kranz haben möchten, verwenden Sie am besten eine Biolithunterlage. Diese ist bereits mit Steckmasse gefüllt und ist in den verschiedensten Formen und Größen beim Floristen erhältlich.

Zu Beginn werden die Beerenzweige - in diesem Fall Ebereschenbeeren - in kleine Stücke gezupft. Bringen Sie diese Büschel sehr dicht in der Steckmasse an. Die Stiele der Beerenzweige sollten ungefähr dieselbe Länge aufweisen, um dem Kranz eine gleichmäßige Form zu verleihen.

Haben Sie keine Biolithunterlage zur Verfügung, gibt es noch die Möglichkeit, mittels eines selbst geformten Metallrings ein Gerüst für die Beeren zu schaffen. Biegen Sie dazu einen langen Draht zu einem Kreis und wickeln ihn so oft um sich

selbst, bis er ausreichend Stärke und Halt hat. An diesem Gerüst werden die Beeren befestigt. Stumpenkerzen in der Mitte bereichern die Kränze.
Als zusätzliche Dekoration werden zum einen Fruchtstände der Physalis auf Holzstäbe gespießt, zum anderen können Sie aus einem großen, runden Blatt - zum Beispiel einem Kiwiblatt - eine Art Tüte rollen, das Ende mit Bast fixieren und dieses Blattgefäß mit einem Bündel Beeren füllen.

Das Arrangement aus hellen, leuchtenden Beeren kommt besonders gut auf einem dunklen Untergrund zur Geltung. Als effektvolle Variante zu Blättern eignet sich ein dunkler Stoff.

Materialliste
Biolithkranz
Ebereschenbeeren
Draht
Kerzen
Physalis (Lampionblume)
Holzstäbe
Kiwiblätter
Bast

Nixenzopf

Nehmen Sie ein Büschel Seegras und knoten es an einem Ende fest. Flechten Sie aus dem Gras einen Zopf, der wieder mit einem Knoten abschließt. Das obere Ende des Zopfes können Sie nun verzieren. Wickeln Sie eine Kordel mehrmals um das eine Ende, um es zu verdecken. Damit die Kordelenden nicht ausfransen, werden sie verknotet und mit je einer Perle beklebt. Auf das Gras oberhalb und unterhalb des Knotens können Sie - je nach Belieben - Perlen, ein Schneckenhaus und eine Seidenrose kleben.

Eine weitere Variante: Nehmen Sie das Seegras und legen es mit beiden Enden aufeinander, so daß eine Art Schlaufe entsteht. Binden Sie die Enden des Grases zuerst mit Draht fest und umwickeln die fixierte Stelle dann mit der Kordel und verzieren diese mit Perlen. In die „Schlaufe" des Grases werden Seidenrosen und Schneckenhäuser gesteckt und mit etwas Kleber fixiert.

Materialliste
Seegras
Kordel
Seidenrosen
Perlen
Schnecken

Für den letzten Vorschlag nehmen Sie ein Büschel Seegras und knoten es an einem Ende fest. Der Knoten wird wieder mit Kordel umwickelt. Knüpfen Sie das restliche Seegras zu einem großen Knoten. Setzen Sie die einzelnen Knoten dabei immer an derselben Stelle an. Zur Verzierung werden einige Schneckenhäuser auf den großen Knoten und Seidenrosen an dessen Ende geklebt. Arbeiten Sie die Seidenrosen nur ohne Stiele in das Seegras ein.

Als Ergänzung befestigen Sie noch einige Seidenblätter um die Rosen herum.

Diese Objekte sind sehr lange haltbar, da das Gras eintrocknet und erst spät die Farbe verliert. Eine optimale Kombination für Seidenrosen, die eine unvergängliche Pracht garantieren - frische Rosen verwelken zu schnell.

Tüte mit Blüte

Ja beantworten können, finden Sie hier einen äußerst dekorativen Vorschlag, der Ihre Fenster in ein ganz neues Licht stellt.

Als erstes werden die Tüten gefertigt. Rollen Sie dazu das Papier zusammen. Die Nahtstelle können Sie entweder kleben oder tackern. Um die Tüte aufzuhängen, wird ein Loch hineingestanzt: am einfachsten und schnellsten mit einer Lochzange. Sollten Sie keine haben, hilft auch ein spitzer Gegenstand (Nagel, Schere, etc.). Der Bast wird durch das Loch gezogen und verknotet. Lassen Sie den Bast lang genug, damit Sie die Tüte in der richtigen Höhe aufhängen können.

Die Tütenspitze wird nun mit Seegras umwickelt. Kleben Sie das Gras ans Papier. Sie können es lang herunterhängen lassen oder abschneiden.

Gefüllt werden die Tüten mit jeweils einer Blume. Es eignen sich alle möglichen Sorten - je nach Saison. Wichtig: Stecken Sie die Blumen - in diesem Fall Gerbera - in Plastikröhrchen, die mit etwas Wasser gefüllt sind; so bleiben die Pflanzen länger frisch.

Danach werden die Tüten aufgehängt. Sie können einige Tüten auch in Glasgefäße stecken und diese mit aufs Fensterbrett stellen.

Materialliste
Papier
Kleber
Lochzange
Bast
Seegras
Plastikröhrchen
Gerbera

Möchten Sie gerne Ihre Fenster schmücken und dazu nicht die üblichen Fensterbilder verwenden? Wenn Sie diese Fragen eindeutig mit

Duftendes Kräutergemüse

Füllen Sie zunächst die Gefäße Ihrer Wahl mit Steckmasse und decken deren Oberfläche mit Moos ab. Der Bambusstab und die Fruchtstände der Montbretie werden genau in die Mitte gesteckt und mit Rosen, Bohnen und einigen Knoblauchzehen umlegt. Drücken Sie die Rosen vorsichtig in die leicht befeuchtete Steckmasse, um sie länger frischzuhalten.

Die Hohlräume der Bambusstäbe füllen Sie jeweils mit einer Rose.

Nun legen Sie mehrere Thymianzweige der Länge nach aufeinander und umwickeln alles fest mit Draht. Wenn die Kräuterzweige befestigt sind, wird das Ganze zu einem Kreis gebogen und an den Enden fixiert. Binden Sie die fertigen Kränze an

Materialliste
Gefäße
Steckmasse
Moos
Bambusstab
Fruchtstände der Montbretie
Rosen
Bohnen
Knoblauchzehen
Wickeldraht
Kräuter
Reagenzgläser

den Bambusstäben fest. Damit sich Rosen und Bohnen nicht nur in den Gefäßen wiederfinden, kommen sie auch als zusätzliche Dekoration zum Einsatz. Für ein einfaches Gemüsebündel nehmen Sie eine Handvoll Bohnen und wickeln sie in der Mitte mit Draht fest.

Tip
**Wenn Sie für die Kräuter-
kränze keinen Thymian zur
Verfügung haben,
können Sie wahlweise
auch Bohnenkraut oder
Salbei verwenden.**

Die ausgefallene Variante: Umgeben
Sie ein Reagenzglas mit Bohnen.
Achten Sie vor dem Festbinden darauf, daß das Bündel auch von alleine
stehenbleibt. Geben Sie etwas Wasser in das Reagenzglas und stellen
dann eine Rose hinein.
Wie viele Gefäße Sie füllen oder wie
viele Bohnenbündel Sie anfertigen,
bleibt ganz Ihren Vorstellungen
überlassen.

Naturgeflecht

Haben Sie noch eine leere Wand zu Hause, für die Sie schon lange ein passendes Bild suchen, aber noch nicht fündig geworden sind? Oder haben Sie schon diverse Bilder an der Wand hängen, die Ihnen aber nicht mehr so richtig gefallen? Dann folgt hier ein Vorschlag: Holen Sie sich doch die Natur an die Wand. Das Naturgeflecht, das hier vorgestellt wird, hat nämlich gleich mehrere Vorteile. Es ist ohne großen Auf-

wand wunderbar einfach herzustellen; es trocknet ein und bleibt lange haltbar; es funktioniert wie eine Art Vase an der Wand und kann daher immer wieder neu gestaltet werden. Und ein weiterer Vorteil: So ein Naturgeflecht hat nicht jeder.

Das Geflecht besteht aus einzelnen Thyphablättern, die zu einem Gitter ausgelegt werden. Die Größe des Objektes können Sie selbst bestimmen und von der zu bedeckenden Fläche abhängig machen. In diesem Fall wurden sechs bis acht Blätter miteinander verbunden. Die Stellen, an denen sich die Blätter treffen, werden fixiert, indem man Musterklammern durchsteckt und an der Hinterseite umbiegt. Sobald das Gitter fertig ist, werden einzelne Thyphablätter zur Stabilität in das Gerüst eingeflochten. Sie können diese nicht nur waagrecht und senkrecht, sondern durchaus auch diagonal einbringen. Das Geflecht sollte auf jeden Fall schön dicht werden, so daß die Wand nur noch wenig zu sehen ist.

Befestigen Sie nun an drei senkrecht verlaufenden Thyphablättern je ein Reagenzglas. Dieses wird im oberen und unteren Bereich mit einem Stück Bindischnur an den Blättern festgebunden.

Das fertige Geflecht wird mit einem Nagel an der Wand aufgehängt. Füllen Sie erst jetzt die Reagenzgläser mit etwas Wasser auf und stecken dann schöne, offene, weiße Lilien hinein.

Die Thyphablätter trocknen nach einigen Wochen ein und werden braun. Dann kann das Geflecht brüchig werden, und Sie müßten es durch eine neue Kreation austauschen.

Österliches

Rechtzeitig zu Ostern wird die Welt meistens wieder bunt. Alles grünt und blüht. Forsythien und Osterglocken vertreiben mit ihren leuchtenden Farben endgültig den tristen Winter. Dasselbe gilt für die buntgefärbten Ostereier. Haben Sie einmal Lust auf das etwas andere Osterei, das nicht gegessen oder äußerst vorsichtig, da zerbrechlich, behandelt werden muß? Hier finden Sie die Anleitung dazu.

Das Pappei entsteht, indem Sie einen Luftballon auf die gewünschte Größe aufblasen. Damit Sie den Ballon besser bekleben können, stellen Sie ihn auf ein Gefäß. So bekommt er den entsprechenden Halt, und Sie können einfacher arbeiten. Reißen Sie nun das Japanpapier in Stücke und kleben es mit dem Kleister auf den Ballon. Je dünner das Papier ist, desto mehr Schichten sollten Sie anlegen. Achten Sie vor allem darauf, daß auch der Ballon selbst mit Kleister eingeschmiert wird und nicht nur das Papier. Bekleben Sie den Ballon zur Hälfte, so daß ein halbes Ei entsteht. Stellen Sie das Ganze an einen trockenen Ort und lassen es zwei Tage aushärten. Wenn der Kleister völlig trocken ist, bringen Sie den Ballon zum Platzen und lösen ihn aus dem halben Pappei heraus.

Nun können Sie eine Schale oder einen Unterteller mit Steckmasse in das Ei stellen und Blumen einsetzen. Als Basis für die Kräuterkugeln dienen kleine Styroporkugeln. Diese werden mit den jeweiligen Kräutern umlegt und mit Wickeldraht befestigt. Wickeln Sie die Kräuter so eng und dicht um die Kugel, daß nichts mehr vom Styroporkörper zu sehen ist. Als Kräuter eignen sich am

besten Thymian und Lavendel, die noch zusätzlich für Duft sorgen. Sie können aber auch Olivenzweige verwenden.

Einen besonderen Effekt erhält das österliche Arrangement, wenn Sie noch Federn dazu streuen. Diese erhalten Sie im Bastelbedarf und in Matratzengeschäften.

Tip
Wenn Sie das Ei richtig mit Blumen bepflanzen wollen, legen Sie es vorher mit Folie aus - so kann das Papier auf keinen Fall feucht werden und durchweichen.

Neben Weihnachten ist Ostern die zweite Zeit im Jahr, die sich dekorationsmäßig in fast jedem Haushalt niederschlägt. Wenn Sie einmal etwas mehr als Nester und gefärbte Eier haben wollen, ist der Moosterhase eine witzige Ergänzung. Es steckt zwar relativ viel Arbeit dahinter, aber dafür können Sie ihn ja jedes Jahr wieder benutzen.

Für einen Moosterhasen benötigen Sie zunächst eine Styroporkugel und ein Styroporei. Beides bekommen Sie im Bastelbedarf. Die Kugel dient als Körper, das Ei als Kopf. Umwickeln Sie beides mit Moos und befestigen es mit Wickeldraht. Ganz wichtig ist, daß Sie das Moos immer wieder beschneiden, so daß eine Art dichte, grüne Haut entsteht und keine Fäden mehr überstehen. Wenn beide Elemente fertig mit Moos umwickelt sind, drücken Sie einen Holzspieß zur Hälfte in den Körper des Hasen und stecken den Kopf oben auf. Zur Sicherheit können Sie

ist das Gerüst für die Arme des Hasen. Der Untergrund für die Ohren besteht ebenfalls aus Draht und funktioniert nach demselben Prinzip wie bei den Armen. Biegen Sie hier allerdings eine größere Öse, die später zur Raute geformt werden kann.

Nun können Sie das Moos auf dieselbe Weise wie bei den Styroporkugeln befestigen. Arme und Ohren werden nach Fertigstellung einfach in den Styroporkörper des Hasen gesteckt.

Moosterhase

noch Kleber zwischen Kopf und Körper aufbringen.

Arme und Ohren des Hasen benötigen als Basis ein Drahtgerüst. Nehmen Sie dazu den Steckdraht, fassen ihn in der Mitte an und biegen die Enden um Ihre Finger, so daß zunächst eine Art große Haarnadel entsteht. Wickeln Sie jetzt beide Enden des Drahtes umeinander, wobei Sie eine Schlaufe/Öse freilassen. Fertig

Füße und Hasenschwanz dagegen brauchen kein Drahtgerüst. Sie entstehen, indem das Moos einfach fest in Form eines Fußes oder eines Bommels gedrückt und mit Wickeldraht fixiert wird. An den Körper des Hasen werden diese Teile wiederum mit einem Stück des stärkeren Drahtes gesteckt.

Nun haben Sie einen fertigen Hasen, der ganz nach Belieben dekoriert werden kann. Hier können Sie Ihrer Phantasie freien Lauf lassen.

Materialliste
Styroporkugel
Styroporei
Moos
Wickeldraht, grünlackiert
  oder Myrthendraht
Steckdraht (16er Stärke)
Accessoires

Marlen Dürrschnabel

„Mit offenen Augen durch die Natur gehen, Formen und Farben auf sich wirken lassen und diese Eindrücke dann floral umsetzen." Nach diesem Motto pflegt Marlen Dürrschnabel Blumen und Pflanzen kreativ zu verarbeiten.

Die Liebe zu allem, was grünt und blüht, war schon früh vorhanden - wurde sie ihr doch schon mit in die Wiege gelegt: Marlen Dürrschnabel stammt nämlich aus einer Gärtner- und Floristenfamilie. Aufgewachsen in Steinmauern, einer ländlichen Gegend in Süddeutschland, war sie von klein auf von Natur umgeben. Diese zu ihrem Lebensinhalt zu machen, war für Marlen Dürrschnabel daher fast schon selbstverständlich. Nach ihrer Berufsausbildung zur Floristin arbeitete sie zunächst in verschiedenen floristischen Betrieben. 1987 folgte dann die Qualifikation zur Floristmeisterin, die sie an der Meisterschule Auweiler bei Köln absolvierte. Nachdem sie mehrere Jahre in bekannten Blumenfachgeschäften angestellt war, wagte Marlen Dürrschnabel den Sprung in die Selbständigkeit. Hier machte sie sich vor allem durch Floraldekorationen und floristische Dekorationsauftritte - wie auch auf verschiedenen Bundesgartenschauen - einen Namen.

Bestandteil ihrer beruflichen Laufbahn sind auch verschiedene Auszeichnungen. Dreimal nahm sie an der „Silbernen Rose", den deutschen Leistungswettbewerben auf Landesebene, teil und belegte jedesmal den zweiten Platz. Seit Mitte der 90er Jahre ist Marlen Dürrschnabel außerdem eine gefragte Referentin bei floristischen Lehrgängen.

Neben all ihren beruflichen Aktivitäten verwirklichte sie aber auch ihren Lebenstraum: die Gründung einer eigenen Schule. Marlen Dürrschnabel baute eine Scheune aus und bietet seitdem im „Atelier im Spich" in ihrem Heimatort Steinmauern Kurse und Lehrgänge an. Neben ihrer Floristikwerkstatt sind dort auch eine Töpferei, eine Malschule und eine Schlosserei angesiedelt.

Ganz nach dem Wunsch von Marlen Dürrschnabel kommt es in diesem Kreativzentrum täglich zum Austausch und Miteinander der unterschiedlichen künstlerischen und gestaltenden Disziplinen.

Thomas Bucher

„Es muß nicht immer der üppige, bunte Blumenstrauß sein. Schlicht und einfach, dafür wirkungsvoll." So sieht für Thomas Bucher die optimale Dekoration aus. Das Gefühl für Form, Farbe und Wirkung von Blumen und Pflanzen wurde ihm schon von Kindesbeinen an vermittelt. Denn Thomas Bucher stammt - wie Marlen Dürrschnabel auch - aus einer Gärtner- und Floristenfamilie. Die Buchers können inzwischen auf eine lange berufliche Tradition zurückblicken. Mit Thomas ist nämlich schon die vierte Generation in die Fußstapfen der Familie getreten. Aufgewachsen ist Thomas Bucher in Bayern. Freising mit seiner fruchtbaren Umgebung zwischen dem Erdinger Moos und dem Hügelland an der Isar prägte ihn. Aus der Idylle und Ruhe dieser Landschaft erhielt er viele Anregungen, die sich auch heute noch in seinen Werkstücken widerspiegeln. In Freising absolvierte Thomas Bucher auch seine Ausbildung zum Floristen.

1989 wechselte er das Bundesland und kam nach Baden-Württemberg. Zunächst arbeitete er im Raum Stuttgart bei verschiedenen Blumenfachgeschäften und machte 1997 an der Universität Stuttgart/ Hohenheim seinen Abschluß zum Floristmeister. Anschließend war er bei einem renommierten Fachgeschäft in Stuttgart tätig. Danach entschloß sich Thomas Bucher zur Selbständigkeit und arbeitet seither hauptsächlich im Bereich Innendekoration und florale Raumgestaltung. Außerdem leitet er Fortbildungsseminare für Floristen und hält Demonstrationsvorträge für den Fachhandel. Seit neuestem werden sogar exklusive Hotels eines namhaften Reiseveranstalters nach den Ideen und Vorschlägen von Thomas Bucher dekoriert und ausgestattet.

Weitere Begleitbücher zum ARD-Buffet

„Guten Appetit!" -
Mit den besten Rezepten
der Sterne-Köche vom „ARD-Buffet".

„Mein grüner Daumen!" -
Viele nützliche Tips und Ratschläge
um's Thema Garten.

„Gesundheitstips vom Teledoktor!"
Viele nützliche Ratschläge für die
Gesundheitsprobleme im Alltag.

96 Seiten, ca. 100 Farbabbildungen,
gebunden, DM 29,80, SFr 27,50,
ÖS 218,--. ISBN 3-7650-8216-3

96 Seiten, ca. 80 Farbabbildungen,
gebunden, DM 29,80, SFr 27,50,
ÖS 218,--. ISBN 3-7650-8217-1

96 Seiten, ca. 80 Farbabbildungen,
gebunden, DM 29,80, SFr 27,50,
ÖS 218,--. ISBN 3-7650-8221-X

„Guten Appetit" ist das offizielle
Kochbuch des erfolgreichen Fern-
sehmagazins ARD-Buffet. Es ent-
hält die besten persönlichen Rezep-
te der vier Fernseh-Meisterköche.
Dazu gehören bodenständige
Gerichte ebenso wie raffinierte.
Sämtliche Rezepte sind leicht nach-
zukochen, unter Verwendung
frischer und saisonaler Produkte.
Ganz nebenbei verraten die
Spitzenköche ihre kulinarischen
Tips und Tricks.

Dieses Buch ist ein bunter Ratgeber
mit vielen Vorschlägen für Blumen
und Nutzpflanzen rund ums Jahr.
Es enthält einen Gartenkalender
und wendet sich an den Hobby-
gärtner wie den fortgeschrittenen
Gartenfreund. Ergänzt wird es
durch viele Szenenfotos, farbige
Gartenaufnahmen, Zeichnungen
und einige allgemeingültige
Betrachtungen über den Garten
und die Philosophie des Gärtnerns.

Der Teledoktor Aart Gisolf und seine
medizinischen Ratschläge und Tips
gehören zu den festen Bestand-
teilen des „ARD-Buffets". In diesem
Buch werden über 80 medizinische
Themen behandelt, die für jeder-
mann interessant sind. Es sind medizinische Ratschläge, Erklärungen
und Tips für den Hausgebrauch,
die kein Fachwissen vorraussetzen.
Dieser kleine Ratgeber bietet kon-
krete Hilfe für die Gesundheitsprobleme des Alltags, wie zum Beispiel
Schnarchen, Muskelkater, Allergie,
Sonnenbrand, Schnupfen, Akne,
Schluckauf, Wetterfühligkeit oder
Sonnenallergie und vieles mehr.